Os Benefícios da Nova Economia

Resolvendo a Crise Econômica Global Através da

Responsabilidade Mútua

I0411476

ARI Institute
Departamento de Economia

Os Benefícios da Nova Economia: Resolvendo a Crise Econômica Global através da responsabilidade mútua

Colaboradores: Guy Itzhakov, Ofir Levi, Alexander Ognits, Micha Kor, Shlomi Bohana
Tradução para o Inglês: Chaim Ratz
Editor Associado: Mary Miesem
Copy Editor: Claire Gerus
Layout: Baruch Khovov
Capa: Inna Smirnova
Editor Executivo: Chaim Ratz
Publicação e Pós Produção: Uri Laitman

Tradução para o Português:
Alexandre Pezzini
Almir Afiune
Caetano Azevedo
Carlos Fernandes
Luzia Weber
Valéria Konishi
Coordenação: Andie Sheppard
Publicação e Pós Produção: Uri Laitman

Primeira Edição: JANEIRO de 2013
Primeira Impressão

Sumário:

Um Mundo Global-Integral

Globalização: "Globalização" refere-se às crescentes relações internacionais, envolvendo cultura, pessoas e atividade econômica. Na maioria das vezes se refere à economia: a distribuição planetária dos locais onde são produzidos os bens e serviços, através da redução das barreiras ao comércio internacional, tais como tarifas, taxas de exportação e quotas de importação. A Globalização tem acompanhado e contribuído para o crescimento econômico nos países desenvolvidos e em desenvolvimento através do aumento da especialização e do princípio da vantagem comparativa (a capacidade de uma pessoa ou de um país produzir um determinado bem ou serviço a um custo menor). O termo também pode referir-se à circulação transnacional de ideias, línguas e cultura popular.

Integral: inteiro, completo, pleno. Além disso, consistindo ou composto de partes que juntas constituem um todo.

Prefácio

Duas questões marcam 2011 como um ponto de viragem na história. A primeira é a agitação social em todo o mundo, e a segunda é a crise econômica mundial.

A agitação social começou com "A Primavera Árabe", uma revolta que levou à queda de regimes no Egito e Líbia e caos e derramamento de sangue na Síria. A agitação social, rapidamente se espalhou para a Europa, com cidades de tendas que aparecem na Espanha, os motins na Grécia e no Reino Unido e várias formas de protesto civil em vários outros países. Finalmente, o protesto chegou aos Estados Unidos com o "movimento ocupe" que começou em Nova Iorque e se espalhou como incêndio florestal em todo o país.

Esta inquietação global tinha uma raiz comum — o sentido que a injustiça social estava perpetrada. Finalmente, as pessoas se levantaram determinadas a que suas vozes já não poderiam ser ignoradas; Elas exigiram que a suficiência econômica e a democracia, no caso da Primavera Árabe, seriam dadas a todos. Na Europa e nos EUA, outra exigência foi colocada sobre a mesa — diminuir a lacuna entre o 1% mais rico da população e os outros 99% e mudar ou pelo menos consertar o sistema capitalista que permitiu que essas lacunas fossem criadas.

A segunda questão importante foi a crise econômica mundial. As ferramentas que os tomadores de decisão utilizaram, tais como taxas de juros, derramando torrentes de dinheiro no mercado, corte ou criação de fundos de ajuda, tornaram-se absolutamente ineficazes já que a economia global continuou sua espiral descendente. O mundo parou de se comportar da maneira que os economistas haviam previsto porque o mundo mudou desde que os paradigmas da economia clássica foram estabelecidos. Infelizmente, os economistas não mudaram seus paradigmas na mesma proporção. O novo mundo é global-integral, onde cada evento, uma catástrofe natural ou uma crise global, afeta todo o mundo. A interdependência entre todos os elementos do sistema global é um fato que deve ser levado em conta, como demonstram claramente tanto a crise da dívida na Europa comoo terremoto no Japão.

A agitação social e a crise econômica estão intimamente ligadas. Como os mesmos grupos realizaram os protestos contra o sistema econômico e injustiças sociais, tornou-se claro que a economia e sociedade estão interligadas. Na verdade, nossa economia *reflete* a natureza da nossa sociedade, a forma como nos relacionamos uns com os outros.

A expansão do comércio mundial e o avanço tecnológico ajudaram a reforçar as nossas ligações ainda mais, transcendendo fronteiras, cultura, religião e raça. O mundo tornou-se uma pequena aldeia, onde qualquer pessoa está a uma chamada gratuita, de distância, pela Internet, de qualquer outra pessoa.

E ainda, o paradigma econômico que temos seguindo por décadas tornou-se obsoleto. Pior ainda, suas premissas de livre concorrência e maximização do ganho pessoal, fundados na crença de que esses traços manteriam o sistema saudável e funcionando, provaram estarem errados. Fizemos do consumo uma cultura que chamamos de "consumismo", temos consagrado e venerado o individualismo e os privilégios, e criamos uma desigualdade tão extrema que 1% da população mundial possui 40% da riqueza do mundo! O resto do mundo sofre de profunda insegurança financeira, ou pior. Mesmo nos países mais desenvolvidos, milhões vão para a cama com fome todas as noites, e milhões de pessoas não têm nenhum seguro de saúde e milhões não são apenas indigentes, mas também não têm esperança.

A crise global e os protestos globais são testemunhos de que as pessoas não estão mais dispostas a tolerar essa injustiça, e essa transformação tornou-se o clamor do momento.

A primeira coisa a ser mudada é as relações humanas, afinal de contas, elas são a raiz do problema. Quando esse elemento for alterado, o resto dos sistemas de vida consequentemente muda. Em um mundo global-integral onde todos são interdependentes, o espírito predominante das relações humanas deve ser o da responsabilidade, onde todos são responsáveis pelo bem estar dos outros.

Se nós refletirmos sobre o significado da rede de conexões que temos formado através da globalização, veremos que a incongruência entre a nossa abordagem auto-centrada e a natureza interdependente das nossas conexões é a causa da crise. E desde que a globalização é uma realidade irreversível, o que nos resta é ajustar as nossas relações a esta realidade. Portanto, se nós assumimos um *modus operandi* de responsabilidade — que é congruente com a interdependência — vamos resolver a crise global e a agitação social.

Este livro contém treze ensaios "independentes" escritos em 2011 por vários economistas e financistas de diferentes disciplinas. Cada ensaio aborda um problema específico e pode ser lido como uma unidade separada, mas um *leitmotiv* os conecta — a ausência da responsabilidade como a causa de nossos problemas no mundo global-integral.

Você pode ler os artigos na ordem de sua escolha. Nós, os autores, acreditamos que se você ler pelo menos vários dos ensaios, você vai formar uma imagem mais inclusiva da mudança sugerida nas páginas à frente, a transformação necessária para resolver a crise global e criar uma economia próspera e sustentável.

Para facilitar a mudança mais rápida e eficaz quanto possível, a influência do ambiente é fundamental. A chave para uma transição bem sucedida do independente ao paradigma interdependente encontra-se na educação expansiva e na circulação da necessidade de a) mudança, b) a natureza da mudança necessária. A mídia e o sistema de educação podem e devem desempenhar um papel de liderança na criação de um ambiente que informe as pessoas o tipo de mudança necessária e apoie a sua expansão.

Uma solução não deve ser forçada. Isso levaria a um doloroso fracasso. Para alcançar a responsabilidade, devemos mutuamente participar na reconstrução de nossos valores sociais. Isso deve ser feito no âmbito de um tratado socioeconômico, que deve se desdobrar gradualmente, mantendo um amplo consenso e deliberação durante todo o processo. Se nós trabalharmos desta forma, acreditamos que a crise global vai se manifestar como uma oportunidade de ouro para toda a humanidade. Ela nos permitirá viver em duradoura segurança econômica e financeira, com base em uma conexão de responsabilidade entre todos os povos. A mudança deve, naturalmente, começar dentro de nós.

A Economia como um Reflexo das Relações Humanas

Uma melhoria econômica verdadeira e duradoura depende das mudanças nas relações humanas.

Pontos-chave

● A economia é um reflexo das nossas relações sociais. Portanto, a crise na economia é em primeiro lugar e principalmente uma crise em nossas inter-relações.

● A função do homem é egoísta — com o objetivo de maximizar o lucro para si. Na realidade de escassez, esta função cria um conflito inerente entre as pessoas, manifestando-se na competição e num jogo de *soma-zero* onde o ganho de um é necessariamente a perda do outro.

● Existe interdependência entre nós no mundo global-integral em que a humanidade evoluiu. Por isso as conexões egoístas entre nós param de funcionar. Essa lacuna entre o nosso egoísmo e nossa interconexão é a razão para a crise.

● As leis do mundo global-integral nos compelem a nos conectarmos em responsabilidade mutua e atuarmos como células de um organismo único em benefício da população inteira.

● Quando a responsabilidade e a solidariedade social forem a base de um novo paradigma econômico — uma economia equilibrada e funcional — como ditado pelas leis do mundo global-integral, alcançaremos uma vida de conforto, com prosperidade pessoal e social e um sistema equilibrado, harmonioso e sustentável.

● Fornecer informação e formação, e criar um ambiente de apoio são necessários para nos conectarmos em responsabilidade mútua.

A Crise Econômica Mundial Está Desafiando o Paradigma Econômico

De acordo com a economia clássica, as pessoas aspiram maximizar os lucros por motivos completamente egoístas. O filósofo britânico do século XVII, Thomas Hobbes, colocou desta forma: "Cada homem deve supostamente buscar o que é bom para si mesmo, naturalmente, e o que é, só pela causa da paz, por acaso"[1]. Essa visão, que ainda prevalece, afirma que o comportamento social é apenas um resultado após o fato, e que nossos antepassados fizeram tratados sociais apenas pelos lucros que eles renderam, não porque eles foram atraídos pela companhia uns dos outros.

Na última década, uma nova escola de pensamento surgiu, conhecida como "economia comportamental". Esta nova escola centra-se sobre o comportamento humano real, em vez de nas forças do mercado abstrato e considera esse comportamento como um meio para compreender a forma como tomamos decisões financeiras. A economia comportamental descreve a natureza e o poder das relações humanas, suas colaborações na medida em que as tendências e percepções fundamentais da economia humana dependem de valores de mutualidade.

A atual crise mundial e nossas tentativas sem sucesso de resolvê-la pode significar que as respostas aos desafios da humanidade se encontram nessas novas vias de investigação. Na verdade, até agora todos os esforços para resolver a crise falharam. Cortes de taxa de juros, resgates, programas de expansão e aumento   do déficit governamental baseiam-se na economia clássica, que depende de um conjunto de movimentos monetários (principalmente cortes nas taxas de juros) e medidas fiscais

[1]Thomas Hobbes, *Rudimentos*,1651, iii

(expandindo os orçamentos governamentais redução de impostos e assim por diante).

A intervenção do governo e a assistência do banco central pretendia mover o mercado de volta ao equilíbrio. A falha subsequente para conseguir isso sugere que é hora de substituir o paradigma econômico existente. Qualquer novo paradigma deve subir a um nível acima, apontar o problema e, portanto, a solução está no nível das relações humanas, e não no nível monetário.

Economia comportamental implica um novo rumo e uma nova solução para a crise

Se entendermos o impacto crítico que a natureza das relações das pessoas tem na economia, entenderemos o tipo de sistema econômico que devemos construir para que desempenhe suas funções de forma eficaz e mantenha a sua estabilidade. Quando os sistemas econômicos e financeiros se adaptarem ao mundo global-integral, onde laços econômicos atravessam fronteiras, e onde as pessoas dependem e afetam umas as outras, haverá uma estabilização do sistema socioeconômico. Só então o sistema evitará choques e frequentes crises que nos abalam. Soluções anteriores para estas crises são insuficientes, por isso, desde o início de 2012, o mundo está enfrentando uma situação econômica grave, que é na verdade uma continuação da crise que começou no Verão de 2007.

Assim, não só a economia deve mudar. Porque os sistemas econômicos e financeiros são reflexos das relações humanas, toda a comunidade internacional deve fornecer soluções que reorganizem o sistema das relações humanas. Em outras palavras, quando nossas atitudes mudam em direção à conexão, à unidade, à coesão social, e à responsabilidade mútua, vamos descobrir a solução para o paradigma econômico de hoje...

A Evolução da Economia

As pessoas não podem existir sem levar em conta a sociedade. Como seres sociais, nós somos obrigados a viver entre as pessoas, sermos assistidos por elas e contribuir com nossa parte para o bem comum. A evolução da humanidade, do clã do homem das cavernas através do feudalismo e depois o capitalismo reflete a evolução de nossas interconexões e nossa interdependência. De acordo com essas mudanças, a maneira que nós comerciamos e intercambiamos bens e serviços também evoluiu para refletir as épocas e suas características.

Em tempos pré-históricos, humanos viviam em clãs. Então vieram as vilas e cidades e em seguida,os estados. Por milhares de anos, as pessoas trabalharam para se sustentarem a si mesmas,aos seus parentes e as pessoas que as rodeiam. Mas como comércio internacional evoluiu, as Nações mais desenvolvidas começaram a conquistar as subdesenvolvidas e novas terras foram descobertas. A revolução industrial levou a urbanização e estreitou as conexões entre as pessoas.

As pessoas não podem existir sem levar em conta a sociedade. Como seres sociais, nós somos obrigados a viver entre as pessoas, sermos assistidos por elas e contribuir com nossa parte para o bem comum. A evolução da humanidade, do clã do homem das cavernas através do feudalismo e depois o capitalismo reflete a evolução de nossas interconexões e nossa interdependência. De acordo com essas mudanças, a maneira que nós comerciamos e intercambiamos bens e serviços também evoluiu para refletir as épocas e suas características.

Comércio e Intercâmbio

É através do comércio e do intercâmbio que a economia atual evoluiu. Esta economia é impulsionada pelo egoísmo da humanidade, que se esforça para lucrar, mesmo em detrimento de outros. Uma pessoa pode ser um agricultor, outra pode ser um fabricante e conectando-se, ambos se beneficiam. Eis porque nós construímos todas as nossas conexões em paridade com a nossa natureza egoísta. No passado, ela envolveu a e troca de produtos sem o uso de dinheiro. Mais tarde, nós aprendemos a usar moedas de metais preciosos e, em seguida, notas de papel que representavam o valor financeiro de quem as emitiram.

Hoje, a maioria das transferências de dinheiro é, na verdade, virtual. A transferência é feita de uma conta para outra através de redes de computadores. A Revolução da Tecnologia da Informação mudou drasticamente as relações humanas, e a virtualização das relações é expressa através das finanças e também dos mercados financeiros.

Segue-se que a economia é um tipo de compromisso entre egos individuais e a necessidade de conectar-se a fim de se sustentarem mutuamente, através de algum tipo de consentimento geral. Claramente, a economia global tem muito a ver com jogos de poder e política, bem como considerações sobre moral, que não são tomados em conta no paradigma da economia clássica.

Em vez disso, a economia lida com elementos contrastantes e não está sujeita às leis físicas da natureza. Pelo contrário, ela é nossa própria criação, expressando um dos meios que usamos para sobreviver como espécie, e como nós lidamos com certos relacionamentos. Isso é de suma importância, porque em vez de tentar forçar um paradigma ultrapassado em nós mesmos, nós podemos desenvolver um paradigma diferente que expresse a mudança na interação humana que existe no mundo interconectado de hoje, na interdependência e na reciprocidade dos laços econômicos e sociais, que estão apenas se estreitando.

Toda a Verdade Sobre a Crise Econômica

Esta crise manifesta-se em nossa abordagem ao mundo e à sociedade. A crise está dentro de nós e em nossas inter-relações. A natureza funciona em harmonia e equilíbrio, e agora nos cabe mudar a nós mesmos e como nos relacionamos com as outras pessoas. Como resultado, os sistemas que temos construído, incluindo o sistema socioeconômico, devem ser equilibrados e harmoniosos, como é a Natureza.

Entre as características da crise econômica estão os preços inflados de produtos, serviços, ações e empréstimos. Como resultado, assistimos a uma crise de confiança na economia. No final do dia, a imagem falsa do mundo que foi construída e cultivada durante muitos anos por aqueles que faziam suas próprias agendas se desintegrou. As pessoas começaram a entender que em uma economia baseada em mentiras, especulação e manipulação é impossível confiar em alguém. Não surpreendentemente, em um estado de desconfiança geral, o sistema econômico de hoje é insustentável.

Assim, a nossa economia contemporânea é uma fotografia de um mundo de interconexões distorcidas, manipulações e falsos valores. Uma concorrência desenfreada e sem escrúpulos foi criada, juntamente com o comportamento irracional do consumidor, já que os consumidores acreditam erroneamente que o que eles compram define sua essência ("eu compro, logo existo"). Hoje, os valores da sociedade são determinados por marcas, celebridades e símbolos de status, não por interesses racionais das pessoas. Nestas circunstâncias, o colapso da economia foi apenas uma questão de tempo.

A Diferença Entre um Mundo Transformado - Global e a Economia Anacrônica

Uma explicação mais sistêmica da raiz da crise é que o mundo tornou-se global e conectado. Todos os sistemas, incluindo o econômico e o social, estão vinculados, um afeta o outro. Os mercados financeiros, por exemplo, constituem um único sistema global. Portanto, tudo o que acontece nos Estados Unidos afeta a Europa e o resto do mundo e vice-versa. Os mercados de ações tornaram-se há muito tempo um barômetro global que expressa as nossas esperanças, nossas crises , nosso desespero e nosso crescimento.

Além disso, os mercados financeiros estão afetando outros sistemas, especialmente o mundo dos negócios, o desempenho das economias e nosso bem-estar financeiro pessoal. O mundo tornou-se um complexo sistema global de sistemas interdependentes, ligados de uma forma que não escolhemos, mas que não podemos ignorar.

Ao mesmo tempo, no entanto, as nossas relações humanas ainda se baseiam em valores individualistas. Nossas relações são inerentemente egoístas e competitivas e mudaram muito pouco nos vários séculos passados. Naturalmente, já que nossa economia reflete essas relações, também reflete esses valores.

Estamos diante de uma enorme lacuna entre as leis do mundo global-integral e a natureza egoísta das relações humanas e a economia deles derivada. Essa lacuna é a verdadeira razão porque atravessamos crises econômicas e sociais. Até que nós preenchamos essa lacuna, vamos continuar a experimentá-la como uma crise.

As leis do novo mundo nos obrigam a nos unirmos e mudar os sistemas econômicos e sociais para que se tornem baseados na consideração mútua, cooperação e sinergia, compartilhamento de recursos e conhecimento, no consumo equilibrado e na unificação dos mecanismos econômicos, monetários e fiscais. Ambos os sistemas expressam a responsabilidade entre as pessoas, enquanto que a economia atual continua a se basear na maximização do benefício e ganho pessoal e concorrência e assim apoia o conflito inerente entre as pessoas.

Devido à importância do dinheiro em nossas vidas, a crise econômica está recebendo muita atenção, e a dependência econômica entre os países e mercados de ações é clara e aceita por todos. Ainda uma interdependência semelhante existe em outros sistemas, como na ecologia, na educação e ciência. Na verdade, cada sistema afetado pelas relações humanas está agora em crise.

A Crise como uma Oportunidade

Em geral, a ascensão de um novo sistema econômico tomou a humanidade de surpresa. No passado, nós construímos conexões e sistemas sociais e econômicos para coincidir com nossas necessidades e a maneira com que nós nos inter-relacionávamos.Agora, de repente, esses sistemas parecem insuficientes para gerir nossas vidas, assim podemos viver em paz e conforto. Em vez disso, o sistema global-integral parece ter suas próprias leis.

A interdependência e estreitamento das conexões entre todos os sistemas de vida nos deixam sem escolha a não ser mudar nossas próprias interconexões em conformidade.A interdependência entre as pessoas, empresas e países não podem existir em um sistema econômico baseado em um jogo de soma zero, caracterizado pela concorrência agressiva, ênfase na maximização do ganho pessoal, e da manipulação.

A interdependência entre os diversos elementos do sistema global está em contraste com as diferenças sociais e econômicas que continuam a existir dentro e entre países. Este sistema global, baseado no ego tornou-se completamente ineficaz, tornando-se impossível continuar a usá-lo. Na verdade, as relações que construímos anteriormente levaram a esta crise. Em certo sentido, a crise nos oferece a oportunidade de examinar a natureza das nossas relações e mudá-lo para que se encaixe no que é necessário neste mundo global, e da necessária interdependência de suas partes. Tal harmonia e congruência necessariamente criam uma economia diferente, mais otimista, equilibrada e estável.

A Economia e as Relações Humanas

No final do dia, a rede de conexões entre nós determina tudo. Essa rede é espalhada em todo o mundo e consiste de muitos elementos — países, exércitos, fundos, matérias-primas, domínios religiosos, laços sociais, esperanças para o futuro e assim por diante. Todos são partes desta rede entre nós, é por isso que o conceito é tão difícil para nós compreendermos... Por enquanto, aqueles que podem entendê-lo são aqueles que lucram o máximo dele.

Muitas pessoas argumentam que devemos examinar o sistema financeiro e corrigi-lo. Mas precisamos entender que toda a realidade mudou. O sistema tornou-se global e integral, e isso é o que impede nossas tentativas de vivermos com o atual sistema socioeconômico. Tudo o que construímos no sistema existente resultou da nossa natureza egoísta. Mas nossa realidade atual requer que retribuamos ao invés de explorarmos. A conexão entre nós agora é muito mais forte e nos obriga a "atualizar" as nossas conexões para a união e responsabilidade (em que todos são responsáveis pelo bem-estar uns dos outros).

Porque não sabemos como nos aproximar da rede global-integral, estamos perdendo nossa capacidade de nos comunicar corretamente uns com os outros. Eis porque nós enfrentamos esta crise mundial de confiança. Os bancos não acreditam nos fabricantes, os cidadãos não acreditam em seus governos e os governos não acreditam uns nos outros.

No passado, a comunicação era clara e baseada no dar e receber, na consideração individual de ganhos e perdas e na necessidade de cooperar, mesmo contra nossa vontade. O ego desempenhou um papel fundamental e todos nós entendíamos que isto era assim.

No sistema global integral de conexões, no entanto, precisamos de uma economia que reflita a interdependência entre nós, mas nós ainda não adaptamos o nosso "sistema operacional" a ele.

Estamos ainda vivendo no sistema econômico e social, com base em como lidamos com os relacionamentos no passado.

Ao mesmo tempo, estamos descobrindo a interdependência entre nós. O problema é que ainda temos que entender como isso funciona. Ainda não detectamos a sua natureza altruísta! Aqui reside o problema: Esta crise contemporânea não pode ser resolvida pelas formulas antigas, uma vez que tudo depende de como rapidamente a humanidade pode se unir e avançar na direção da responsabilidade mútua.

Os Economistas Estão Perplexos

A caixa de ferramentas da economia clássica é inadequada para o nosso tempo e nosso pensamento antiquado está nos conduzindo ainda mais profundamente para a crise atual. Claramente, isso deve ser alterado, como Joseph Stiglitz, ganhador do Prêmio Nobel em economia, disse em uma palestra no 4º Encontro de Ciências Econômicas em Lindau, "Os modelos macroeconômicos padrão falharam em todos os testes mais importantes da teoria científica. Eles não vaticinaram que a crise financeira aconteceria; e quando aconteceu, eles subestimaram seus efeitos." [1]

Precisamos nos adaptar e à natureza das nossas relações com as qualidades de nossas conexões no sistema global-integral. Ao continuar a desenvolver a economia comportamental, estamos dando um passo na direção certa — assim como a economia tornou-se global, assim também nossas relações sociais.

É por isso que as relações baseadas no ego não funcionam mais. Temos de aprender as qualidades necessárias para os relacionamentos no novo mundo. Isso nãoapenas nos levará ao equilíbrio com o mundo global-integral, mas nos permitirá entender e acolher as mudanças que devem ser feitas nos sistemas social e econômico.

A mudança é inevitável; ela não pode ser interrompida. Quanto mais a negamos, mais iremos experimentar a mudança como uma crise. Mas, se em vez disso, chegarmos a compreender o significado da mudança e fazer as alterações necessárias, sentimentos de angústia darão lugar à esperança , à prosperidade , à harmonia e paz, entre nós e entre a humanidade e a natureza.

Portanto, tudo o que precisa mudar é a natureza de nossas inter-relações. Se nos comprometermos com um novo tratado econômico e social, um integral e global, com a responsabilidade entre nós, poderemos começar a transformar o paradigma econômico existente, e cada sistema vida que a humanidade construiu. Tal mudança é possível somente através de ampla educação e informação. Isto irá criar um ambiente de empatia que nutre os valores de responsabilidade e destaca as suas vantagens. Apenas tal processo evolutivo pode garantir uma economia estável e eficiente que permite a vida harmoniosa, equilibrada e sustentável para todos.

---

[1] "Curta Metragem de 2011, Lindau Nobel Laureate Meeting in Economic Sciences," *The New Palgrave Dictionary of Economics Online*, http://www.dictionaryofeconomics.com/resources/news_lindau_meeting

Um Mundo Global-Integral Requer uma Nova Economia

The current economic method cannot continue to exist in a global-integral world

Pontos-chave

• Quando cada país está ligado por laços comerciais e financeiros, uma interdependência irrevogável é criada.

• A crise global se expos à medida que os destinos de todos os países estão ligados entre si em um mundo global-integral. As soluções relativas a um único país são inaplicáveis, e a resolução desta crise mundial será possível somente através de uma solução sistêmica que leve em conta a interdependência entre os países.

• Cada medida tomada pelos líderes mundiais para resolver a crise falhou e causou confusão apesar dos meios apropriados de ação prevalecerem.

• A chave para resolver a crise é fechar as lacunas entre as leis do mundo global-integral e a economia egoísta, competitiva. É vital adaptar os sistemas econômicos ao princípio da responsabilidade, em que todos são responsáveis pelo bem-estar uns dos outros.

• É imperativo fornecer educação e informação e criar um ambiente favorável para que possamos nos conectar em responsabilidade.

O Enorme Escopo do Comércio Global Cria a Dependência Mútua

O comércio internacional tem sido parte da economia desde os tempos antigos. Os meios de negociação melhoraram junto com a tecnologia e junto com eles as trocas internacionais evoluíram.

No passado, os países poderiam fechar-se em um mercado autárquico, existente dentro de uma economia autossuficiente, que não se baseia no comércio com outros países. Hoje, no entanto, isso não é possível. Não há um país no mundo que não exporte ou importe bens e serviços. Na verdade, não há um país no mundo que possa abastecer todas as necessidades de seus próprios cidadãos ignorando o sistema internacional.

De acordo com dados da Organização Mundial do Comércio (OMC), desde a Segunda Guerra Mundial, o âmbito do comércio internacional aumentou acentuadamente. Os Estados Unidos foi o líder no comércio internacional de mercadorias em 2010, com um volume de comércio de 3,250 trilhões de dólares (1,97 que é importação); a China ficou em segundo lugar, com cerca de 2,970 trilhões dólares em volume (com 183 bilhões de dólares em superávit comercial de mercadoria), e a Alemanha foi terceira com 2,340 trilhões em volume de comércio de mercadorias (com um excedente de 202 bilhões de dólares). [3]

O enorme alcance do comércio internacional exemplifica as conexões e dependência entre os países, tanto na economia real e em finanças.

Laços Mútuos e Conexões na Produção de Bens e Serviços (Economia Real)

Na economia real, há diversos laços econômicos que se manifestam no comércio de bens e serviços. Um exemplo são as conexões de comércio na indústria automobilística entre Japão e Estados Unidos. O terremoto que atingiu o Japão em 11 de março de 2011 teve um grande impacto sobre a indústria de automóveis dos EUA já que as linhas de produção e a importação de peças de reposição pararam e as importações de carros do Japão para os EUA diminuíram .

Após o aumento de preço dos carros,as vendas caíram, o que levou a uma redução na despesa de consumo pessoal (PCE), e, consequentemente, no desempenho da economia americana como um todo.

O Sistema Financeiro — Um Espelho do Mundo Global

Como na economia real, a profunda interdependência evoluiu no setor financeiro, também, seja por meio de empréstimos (títulos) que países tomaram de outros países ou por outros meios. O exemplo mais visível dessa interdependência é a grande quantidade de títulos dos EUA, mantidas pelo governo chinês. Por causa da velocidade que os mercados financeiros respondem a mudanças nas políticas e na economia, estes mercados tornaram-se a característica mais proeminente do mundo global e interligado em que vivemos. A interdependência entre países e investidores é palpável e tangível nesses mercados.

Outro exemplo distinto é a crise da dívida soberana, que atualmente está se desdobrando em países da Zona do Euro. A enorme dívida de muitos países demonstra como todos estão no mesmo barco. Os Estados Unidos devem trilhões de dólares para países da Zona do Euro e Japão e trilhões mais para a China, Rússia e muitos outros proprietários de títulos dos EUA. A Alemanha deve 5,460 trilhões de dólares para os países acima mencionados; os países do PIIGS

(Portugal, Irlanda, Itália, Grécia e Espanha) devem um total de 6,40 trilhões de dólares para esses países, e França deve a eles 5,460 trilhões de dólares. [2]

Os laços econômicos e financeiros obrigam os países a se envolverem mais nos assuntos internos uns dos outros por medo de suas próprias economias. Por um lado, a interdependência financeira acelera os esforços internacionais para ajudar países em dificuldes, tanto diretamente como através do Fundo Monetário Internacional (FMI). Por outro lado, a interferência financeira e/ou política poderia ser interpretada como uma ameaça à soberania do país e pode instigar tensão e conflito.

Em relação à crise da economia americana, funcionários chineses criticaram os Estados Unidos por seu déficit colossal, que poderia comprometer a estabilidade da economia americana e sua capacidade de pagar sua dívida à China e a outros detentores de dívida. A tensão causada pela crítica levou o vice-presidente chinês, Xi Jinping, afirmar, "A economia dos EUA está sempre altamente resistente e tem uma forte capacidade de se auto reparar. Acreditamos que a economia dos EUA vai conseguir melhor desenvolvimento no processo de lidar com desafios". [3]

Porque cerca de metade dos títulos dos EUA é comprada por investidores estrangeiros, principalmente China, Japão, Rússia e Índia, a sensibilidade do sistema monetário internacional para a economia americana e para o tratamento que o governo dos EUA lhe dispensa, é óbvia. Um comentário que demonstra o envolvimento entre os países foi feito pelo Secretário de Tesouro americano, Timothy Geithner. Em um comunicado oficial para o FMI, Geithner disse, em relação à Europa, "A ameaça de default em cascata, corridas bancárias e risco catastrófico devem ser tirados da mesa, caso contrário ela irá prejudicar todos os outros esforços, tanto na Europa e globalmente. ...Decisões tais como enfrentar conclusivamente os problemas da região não podem esperar até que a crise fique mais grave." [4]

O Fortalecimento Econômico e Financeiro Entre os Países

O comércio internacional começou como um meio para satisfazer as necessidades de um país. Conforme o capitalismo se espalhou por todo o mundo, a principal motivação dos países mudou de provisão das necessidades para maximizar seus lucros para manter uma economia forte e estável e permitir o desenvolvimento contínuo de suas economias e bem-estar dos seus cidadãos. O balanço global foi formado através da demanda internacional e do abastecimento a nível econômico e financeiro.

Na economia real, a eficiência da produção em alguns países e as diferenças nos custos de produção podem levá-los a exportar seus produtos para outros países que

---

[2] "Eurozone debt web: Who owes what to whom?," *BBC News Business* (November 18, 2011), http://www.bbc.co.uk/news/business-15748696

[3] "Xi Jinping and US Vice President Biden Attend China-US Business Dialogue," *Ministry of Foreign Affairs of the People's Republic of China,* (August 19, 2011), http://www.fmprc.gov.cn/eng/zxxx/t850833.htm

[4] Ben Rooney, "Geithner sounds alarm on Europe," *CNN Money,* (September 25, 2011), http://money.cnn.com/2011/09/24/markets/geithner_debt/index.htm

têm uma demanda para esse produto. Em termos financeiros, cada país se esforça para lucrar em sua moeda e daí empresta aos outros. Assim, como o país precisa de dinheiro para manter o governo e os gastos públicos e continuar investindo para ter crescimento significativo, ele irá pedir emprestado também a outros países.

Os países também diversificam os seus investimentos entre os diferentes países para diminuir o risco e para construir uma carteira de investimento segura. Seu desejo de maximizar os seus lucros obriga-os a acompanhar a evolução na indústria, tecnologia e finanças dos outros países. Isso reforçou o comércio, bem como conexões políticas entre os países e em todo o sistema econômico global. Foi assim que o mundo tornou-se irrevogavelmente global e integral.

O Desamparo dos Economistas e dos Tomadores de Decisões

A interdependência entre os países foi uma das principais razões para a expansão da crise dos Estados Unidos para a economia internacional em 2008. Agora, como em 2008, todos os países são afetados pela crise. As complexas ligações entre os países e corporações exigem movimentos integrados entre os países, bem como a consideração mútua e genuína vontade de apoiar a economia vacilante. Parece que a mensagem, "estamos todos no mesmo barco" surtiu efeito. Ainda assim, as tentativas de resolver a crise através de estímulos monetários ou financeiros falharam amargamente nos EUA e na Europa.

A incapacidade do mundo para lidar com as raízes da crise global desde 2008 deixam perplexos nossos economistas e tomadores de decisões. Eles refletem sobre como conduzir o comércio e usar o vasto sistema financeiro em um mundo global e integral, bem como gerenciar o desejo dos países para maximizar seus lucros separadamente, usando reciprocidade econômica. O fosso entre a reciprocidade obrigatória imposta pela interdependência entre os países do mundo global-integral e a atual natureza do sistema econômico internacional — com base em abordagens estreitas e egocêntricas — é agora reconhecido pela comunidade internacional econômica como uma crise.

Nouriel Roubini, Professor de economia na Universidade de Nova York e um dos poucos que previu a crise de crédito global em 2004, declarou no verão de 2011 sobre a escalada da crise global: "Karl Marx tinha razão. Em algum momento, o capitalismo pode se autodestruir." Igualmente, o vencedor do Prêmio Nobel Joseph Stiglitz, afirmou, "De certa forma, não existe somente uma crise na nossa economia, deve haver uma crise na ciência econômica." [5]

Além disso, em 13 de setembro de 2011, Mohamed El-Erian, CEO e cofundador da PIMCO, a maior empresa de investimento e fundos de obrigações do mundo, declarou em uma entrevista de

---

[5] "Short films from the 2011 Lindau Nobel Laureate Meeting in Economic Sciences," *The New Palgrave Dictionary of Economics Online*, http://www.dictionaryofeconomics.com/resources/news_lindau_meeting (the above-mentioned statement is in Stiglitz's video after 10:05 minutes.

rádio no programa "Vigilância Bloomberg" com Tom Keene e Ken Prewitt, "estamos chegando perto de uma completa crise bancária na Europa. ... Estamos em uma desaceleração global sincronizada. Há muito pouca confiança nas políticas econômicas na Europa e nos Estados Unidos." [6]

Em uma ocasião diferente, o Sr. El-Erian, "deu quatro razões para a restrição de uma melhoria na economia global". Preços do petróleo... estão muito elevados, os mercados imobiliários ainda não se estabilizaram suficientemente, a Europa ainda não resolveu a sua crise da dívida e os líderes mundiais estão preocupados que políticos americanos são 'discutindo muito.' Diferentes seções da orquestra estão tocando uma música diferente e soa confuso[11].

Estas declarações e outras feitas por economistas e financistas demonstram como as aspirações dos países para maximizar seus lucros os têm levado à interdependência. Ao mesmo tempo, estas declarações atestam sua confusão e incapacidade de lidar com a realidade da econômica global.

Is Global Integration an Unavoidable Fact?

Juntamente com a integração necessária tendo em conta as conexões econômicas descritas acima, a China, a segunda economia mais poderosa do mundo, declarou recentemente que pretende parar sua política de investimento na Europa e nos Estados Unidos. Wen Jiabao, primeiro-ministro da China, disse em um discurso na Reunião Anual dos Novos Campeões 2011, "os governos devem cumprir suas responsabilidades e pôr ordem em suas próprias casas". "As principais economias desenvolvidas devem adotar políticas fiscais e monetárias responsáveis e eficazes, tratar devidamente os problemas da dívida." Além disso, o Banco da China congelou as ofertas de moeda estrangeira com vários grandes bancos europeus, incluindo o BNP Paribas, Société Générale e Crédit Agricole à luz da crise da dívida na Europa e o rebaixamento da classificação de crédito pela Moody de vários grandes bancos europeus.

O Japão expressa uma visão semelhante em uma declaração do Ministro das Finanças japonês, Jun Azumi, em um Encontro do G20 entre Ministros de Finanças e presidentes de bancos centrais reunidos em Paris, em outubro de 2011, "A Europa precisa organizar suas ações porque a menos que a crise tenha um fim, ela vai começar a afetar as economias emergentes que têm apresentado forte crescimento".[7]
As atitudes da China e do Japão à crise da dívida na Europa levantam as questões, "A tendência ao isolamento da China e do Japão é viável no mundo global e integral de hoje? O protecionismo e separatismo dos poderes podem manter a sua estabilidade econômica? Podem eles desligar suas relações com outras nações e tornar-se autossuficientes?"
A resposta a tudo acima é um retumbante "não". Os dias em que um país sozinho poderia abastecer todas as suas necessidades sumiram e não vão voltar. No mundo global-integral, mesmo as economias mais poderosas dependem uma das outras e de todo sistema internacional (talvez mais do que todos os outros). Assim, uma desaceleração na economia dos EUA vai

[6] John Detrixhe and Tom Keene, "Europe Close to Banking Crisis, El-Erian Says: Tom Keene," *Bloomberg* (September 13, 2011), http://www.bloomberg.com/news/2011-09-13/europe-close-to-banking-crisis-el-erian.html
[7] "G20 nations urge Europe to act decisively on debt," *Reuters* (October 15, 2011), http://www.france24.com/en/20111015-debt-crisis-europe-us-g20-pledges-adequate-funding-for-imf

induzir um declínio acentuado nas exportações da China e do Japão e vai prejudicar as economias desses países.

Além disso, os mercados de títulos de governo tornaram-se uma arena global onde países levantam fundos de outros países e investem suas próprias reservas em títulos de outros países. Imagine o que aconteceria com a economia chinesa, agora um dos dois maiores detentores de títulos do governo dos EUA, se América fosse incapaz de pagar sua dívida ou declarasse um acordo de reestruturação da dívida.

Os Esforços para Superar a Crise Global Tem Sido um Fracasso

Desde a crise global que começou em 2008, os Estados Unidos e países da Zona do Euro vêm tentando salvar suas economias do colapso usando vários planos emergenciais. Em geral, estes programas dependem da expansão monetária, principalmente usando cortes na taxa de juros e expansão fiscal, o que significa derramar fundos do governo no sistema econômico e oferecer benefícios fiscais para reanimar a atividade econômica.

A política negligente de estímulo do governo dos Estados Unidos incluía três programas de estímulo de magnitude sem precedentes. No entanto, Charles I. Plosser, o Presidente do Fed da Filadélfia, disse nesse sentido: "A noção persiste que a política monetária ativista pode ajudar a estabilizar a macroeconomia... Em minha opinião, a capacidade da política monetária para neutralizar as consequências econômicas reais de tais choques é realmente bastante limitada... Tentativas para estabilizar a economia irão, mais provavelmente do que não, acabar proporcionando estímulo quando nenhum é necessário, ou vice-versa. ...Então, pedir à política monetária para fazer o que não pode fazer com agressivas tentativas de estabilização pode realmente aumentar a instabilidade econômica em vez de reduzi-la." [8]

Marc Faber, um renomado economista e autor do relatório "Gloom, Boom and Doom", foi um pouco mais direto em sua resposta ao referido plano. Ele descreveu o pacote como "Outra falha completa da economia keynesiana e intervenções corruptas," Dr. Faber resumiu suas palavras sobre o programa, chamando-o "Uma piada completa." [9]

Como nos Estados Unidos, os países da Zona do Euro passaram por várias etapas que incluíram bombear fundos em seus mercados e cortar as taxas de juros dos bancos centrais na Europa. Também, a Zona do Euro criou um fundo de resgate europeu com centenas de bilhões de Euros para os países mais vulneráveis do bloco.

O FMI também contribuiu com sua parte em ajudar a Europa, alocando muitos bilhões de dólares em dinheiro de resgate. Muitos países na Europa realizam, agora, medidas de austeridade para reduzir o déficit e para satisfazer os critérios para receber a ajuda dos fundos de resgate. No entanto, os cortes de orçamento estragaram as habilidades dos países de reavivar suas economias

---

[8] James Saft, "Don't expect coordinated easing," *Reuters* (September 22, 2011),http://blogs.reuters.com/james-saft/tag/federal-reserve/

[9] Patrick Allen, "Marc Faber: Obama's Job Package 'a Complete Joke,'" *CNBC* (September 9, 2011), http://www.cnbc.com/id/44449276/Marc_Faber_Obama_s_Job_Package_a_Complete_Joke

e ajudar seus cidadãos. Isso fez o quadro piorar, levando milhões às ruas em protestos na Grécia, Espanha, Portugal e outros países da Europa.

O fracasso das políticas de incentivo dos Estados Unidos e países da Zona do Euro preparou o palco para uma crise em 2011 que diminui aquela que havia começado alguns anos antes. O tratamento de problemas a nível local não só falhou em resolver os problemas, mas os agravou, com grandes dívidas se movimentando dos bancos e instituições financeiras para os orçamentos de estado.

Christine Lagarde, chefe do FMI, disse que "O espectro das políticas disponíveis para os vários governos e bancos centrais é mais estreito, porque um monte de munição foi usado em 2009." Prof. Roubini disse a respeito, "atingimos uma velocidade de estol na economia, não apenas nos Estados Unidos, mas também na Zona do Euro e no Reino Unido... Infelizmente, nós estamos ficando sem ferramentas políticas." [10]

A Receita para Resolver a Crise

Os laços globais entre os países é um assunto encerrado, resultado da evolução natural que ainda continua. Na verdade, os laços são apenas o reforço, e a crise de 2008 claramente expos que única rede na qual os destinos de todos os países estão interligados.

Em 2008, a rede tentou reanimar-se através de tratamento local dos sintomas mais evidentes da crise. Além disso, tentou-se fazê-lo em proporções sem precedentes.

No entanto, o sistema internacional está seguindo paradigmas econômicos, sociais e políticos que foram formados após a Segunda Guerra Mundial e não são mais adequados para a rede global de hoje baseada em laços econômicos e sociais. Agora, ligação de responsabilidade mútua foi formada entre todos os países, e a discrepância entre a natureza do sistema econômico global e do modus operandi anacrônica que refletem os valores de independência econômica a todo o custo, maximizando lucros e ganhos, e desenfreada competição está no centro da crise global.

Os tomadores de decisão e economistas de todo o mundo não conseguiram adotar uma perspectiva mais ampla sobre a realidade global, pela qual as ligações entre os países os obriga a desenvolver laços de responsabilidade mútua entre eles, se não por vontade própria, então pelos fatos da vida que demandam isso. No mundo global integral de conexões de comércio, economia, bancos, finanças, um país que se preocupa apenas com própria economia, independentemente do resto dos países economia, vai falhar completamente, prejudicando todo o sistema internacional, que se esforça para conseguir equilíbrio, harmonia e colaboração, como deve ser quando suas partes são interdependentes. Mesmo que a economia de um país forte se esforce, vai inevitavelmente ser afetada pelas crises nas economias mais fracas, como é o caso da Alemanha na crise da dívida da Zona Euro em 2011.

Assim, a elaboração de uma solução requer um movimento abrangente, global, com a cooperação e a responsabilidade entre os países. Isso se manifestará em consideração mútua, cuidado, sinergia, vontade de fazer concessões e unificação fiscal, monetária e mecanismos reguladores.

---

[10] "Roubini on U.S. Recession Risk, Europe and China," *Bloomberg* (August 31, 2011), http://www.bloomberg.com/video/74655083/

Não só os laços de responsabilidade são necessários, mas um país que não siga esse princípio e não considere as necessidades dos outros países, realmente irá se prejudicar. Os países mais fortes devem ajudar o sistema internacional usando fundos internacionais de resgate e auxílio.

A mudança conceitual de valores vai motivar a reestruturação da economia internacional, onde um país ajuda o outro, ou todo o sistema, porque todos os países entendem que se não o fizerem, irão prejudicar a si mesmos devido às inter-relações estreitas no sistema.

Ao mesmo tempo deve haver oferta de educação e de informação sobre a realidade global, conectada, no qual o sistema internacional tem evoluído. Isto mudará gradualmente a visão da população do mundo e de seus tomadores de decisão. Como resultado, a nova natureza da economia internacional não vai ser percebida como um mal necessário, mas como uma nova ideia que tem em si grande potencial econômico e social para o mundo inteiro.

Além disso, devemos entender que a economia global é um reflexo das relações internacionais. Por esta razão, a mudança necessária em primeiro lugar é uma mudança conceitual das relações entre eles. Isso exigiria a construção de laços de responsabilidade entre os países de acordo com as necessidades de cada um, juntamente com as necessidades de todo o sistema internacional. Isso se manifestará em ampla colaboração e solidariedade entre os países.

Como dito acima, a economia reflete os laços sociais entre os indivíduos e nações. Portanto, alterando as relações internacionais e adaptando os laços à natureza global e interdependente do sistema econômico mundial resultará na mudança antecipada de uma ameaça de crise global para uma economia internacional equilibrada e sustentável. Isto será radicalmente diferente do que conhecemos hoje. A mudança de valores é necessária para a melhoria das relações interpessoais e internacionais.

Para resumir, a economia é uma ciência que reflete as relações existentes entre as pessoas. A nova economia, que é adequada para o mundo global e integral, é radicalmente diferente da que temos hoje.

A crise econômica é uma ameaça para todos nós. Todas as tentativas para lidar com ela usando meios econômicos tradicionais falharam. A única esperança de alcançar o equilíbrio econômico está na implementação da responsabilidade. A crise global resulta do abismo entre a natureza competitiva e individualista do sistema atual e o que deve existir em um sistema global e integral. Essa crise também vai acelerar a transformação.

Os principais economistas já estão começando a entender que a predisposição para manter o sistema existente mesmo quando ele já está falhando não serve aos nossos interesses. Em vez disso, temos de nos concentrar na construção de uma boa, harmoniosa e sólida realidade.

É importante notar que um caminho em direção a uma economia equilibrada, harmoniosa e estável não implica revolução. Em vez disso, ela implica em deliberação, transparência de informações e processos de tomada de decisão e mais claras explicações e educação sobre as leis de nosso novo mundo global-integral.

Responsabilidade como uma Solução Prática

A Responsabilidade é uma solução prática para os problemas sociais e econômicos no mundo?

Pontos-chave

• Tentativas monetárias e fiscais de alcance sem precedentes nos últimos anos não têm poupado a economia global da crise profunda.

• A crise econômica atual não é apenas uma extensão natural da crise de 2008, mas é maior e mais ameaçadora do que a anterior. Isto é devido à nossa centralização nos (e tratamento incorreto) sintomas, em vez de diagnosticar e tratar a raiz da crise.

• Soluções econômicas tradicionais são baseadas em princípios incongruentes com a nova economia necessária para ter sucesso no mundo global-integral com sua resultante interdependência.

• A única solução prática para a crise é mudar nossas relações para as relações de responsabilidade (onde todos são responsáveis pelo bem-estar uns dos outros) como base para uma economia equilibrada, funcional e sustentável.

• Facilitar um ambiente de apoio por meio da educação e fornecimento de informações é necessário para que possamos nos conectar em responsabilidade mútua.

Não Há Disputa Sobre a Crise Econômica e Financeira Sendo Global

A atual crise econômica e financeira está na mente de cada economista e tomador de decisões em todo o mundo. Quase contra a sua vontade, eles concordaram com o fato de que uma mudança global está acontecendo, o resultado de um mundo que se tornou global e conectado, onde cada pessoa e cada país afeta e é afetado por todos os outros. Em nosso mundo novo, todos nós somos parte de uma rede única, global, que continuamente aperta os laços econômicos, financeiros e sociais — alguns evidentes, alguns encobertos.

A interdependência econômica entre os países impede que qualquer país, mesmo aqueles cuja economia atualmente parece se sobressair como a Alemanha, China e Brasil, evite as consequências da crise global e o efeito dominó que traz esta crise à sua porta.

Assim, a China está experimentando uma desaceleração em seu crescimento porque os principais compradores de seus produtos — EUA e a Europa — estão sob uma grave crise que afeta o consumo privado e o nível de vida dos consumidores.

A Alemanha, a mais forte economia na Europa, também poderia enfrentar dificuldades devido ao colapso iminente da economia grega e a subsequente reação em cadeia, dos países do PIIGS (Portugal, Itália, Irlanda, Grécia e Espanha) e do resto da Europa.

A Tradicional "Caixa de Ferramentas" Falhou

A tradicional "Caixa de Ferramentas" falhou
Presidentes, primeiros-ministros, ministros das Finanças e chefes dos bancos centrais em todo o mundo têm tentado sanar os mercados financeiros globais e a economia desde 2008. Não é de surpreender que todos os programas de auxílio, planos de cicatrização e incentivos econômicos tentados em todo o mundo dependiam de um paradigma econômico, simples, antigo e familiar que afirma que a solução para a crise encontra-se em uma combinação de expansão monetária (cortes das taxas de juros) e expansões fiscais (aumento de extensões de governo e derramamento de fundos no mercado). As únicas diferenças entre essas soluções estavam no montante de dinheiro derramado e a quantidade expansão tomada.

• **Expansão monetária** se manifesta principalmente em cortes das taxas de juros sob a suposição de que aumentar a oferta de dinheiro barato vai incentivar a atividade comercial e o consumo privado e, assim, impulsionar o crescimento e o emprego.

• **Expansão fiscal** significa crescente intervenção estatal nas atividades econômicas através do aumento de gastos públicos, derramando fundos no mercado, cortes fiscais e outros incentivos do governo. Aumentar o déficit do governo para incentivar a atividade econômica é visto como um mal necessário e tem como objetivo nesses lugares onde o mecanismo da "mão invisível" e as forças do mercado livre falharam.

Tratando Novos Problemas com Antigas Soluções

Dois problemas principais exemplificam as tentativas para resgatar as economias da crise global:
1. Todos são baseados no mesmo paradigma, combinando expansões monetárias e fiscais. A base teórica do paradigma econômico atual foi estabelecida no início de 1900 mudou muito pouco. No entanto, desde então, os sistemas econômico e financeiro mudaram radicalmente. O processo de globalização tem acelerado exponencialmente, trazendo crescentes riscos financeiros provocados pelo desenvolvimento da tecnologia, abundância de financiamento barato para especulações, engenharia financeira, e ganância.
Especialistas estão lutando para avaliar com precisão os riscos embutidos em tal sistema financeiro global. O elemento humano é o componente mais imprevisível, junto com o desejo desinibido da humanidade para maximizar os lucros. Clássicas teorias econômicas são incapazes de lidar com os novos desafios que o mundo enfrenta. As inter-relações entre mercados financeiros, a economia real, e as atividades das empresas só complicam a imagem e torna ainda mais difícil de encontrar uma solução adequada dentro do arsenal familiar. 2. A corrida para encontrar "soluções práticas" continua a falhar. "Prático" significa algo que pode ser medido e quantificado. As pessoas esperam mudanças sugeridas no orçamento, nas taxas de juro, na divisão de recursos, em cortes de impostos, em desequilíbrio entre impostos diretos e indiretos, nos currículos escolares, na assistência social, subsídios de hipotecas e assim por diante.

No entanto, sem a compreensão completa das razões para a crise e as alterações necessárias nas relações humanas, na atual realidade global e integral, essas soluções irão falhar.

Um agregado de soluções "práticas" sem precedentes tanto no orçamento quanto no caráter realizados em todo o mundo por governos e bancos centrais nos últimos três anos, não conseguiram produzir o resultado esperado. A atual crise econômica global não é apenas uma extensão natural da crise de 2008, é maior e mais ameaçadora. Todos os planos[11] de recuperação de governo dos EUA não apenas falharam, mas agravaram a crise, porque nos impediram de tratar suas raízes e falsas esperanças foram dadas. Esses planos se estabeleceram para tentar lidar apenas com os sintomas da crise em vez de suas causas reais.

O Fracasso dos Passos "Práticos" nos Estados Unidos

Para enfrentar a crise de 2008, resgate de três planos de magnitude sem precedentes foram lançados, o primeiro pela administração Bush e os dois últimos pelo Presidente Obama.

- Em três de outubro de 2008, com o espectro do colapso do banco de investimento Lehman Brothers apenas algumas semanas antes, o governo dos EUA promulgou o Programa de Alívio de Ativos Problemáticos (TARP). O governo comprou ativos "tóxicos" e patrimônio das instituições financeiras para socorrer o setor financeiro de um padrão provável. Nesse programa sozinho, o governo foi autorizado a gastar até 700 bilhões de dólares para salvar o setor financeiro. No entanto, essa

---

[11] http://www.recovery.gov/Pages/default.aspx

quantidade colossal de dinheiro logo seria considerada manifestamente insuficiente como a crise continuava crescendo.

- Em 13 de fevereiro de 2009, na sequência do fracasso do TARP para proteger a economia americana, o Congresso aprovou Lei de Recuperação e Reinvestimento Americano de 2009 (ARRA) com o pedido do Presidente Obama. O Presidente acreditava que se ele derramasse até 787 bilhões de dólares na economia americana, nacionalizasse os bancos, reduzisse as taxas de imposto e suporte para o setor financeiro, ele iria resolver a crise. Ele também reforçou o regulamento da indústria financeira para controlar a "magia" financeira que tinha acelerado o estouro da bolha em 2008 e a fez muito mais dolorosa. O ARRA falhou, também.

- Em 2010, um segundo plano de recuperação, maior do que o primeiro, foi lançado. Ele foi chamado de Lei de Recuperação e Reinvestimento Americano, Fundo Federal de Estímulo no Plano Financeiro[21] em Janeiro de 2010 e baseou-se nos mesmos princípios de aumentar o déficit e derramar fundos no sistema financeiro, em empresas e doméstico. A Lei de Recuperação e Reinvestimento Americano foi também outro fracasso.

Mas no final de 2011, o Presidente Obama lançou um quarto e diferente tipo de plano. A Lei Americana de Empregos focada no mercado de trabalho dos EUA, oferecendo dólares 450 bilhões de incentivos fiscais. Os resultados deste plano ainda não foram vistos.

Juntamente com o governo, o Federal Reserve Bank (FED) está trabalhando para apoiar a economia. Ele baixou a taxa de juros para quase 0%, acreditando (com base em leis tradicionais da economia) que, ao fazê-lo e mantê-lo lá por um tempo suficiente, a economia americana seria revitalizada porque dinheiro barato incentiva gastar e tomar empréstimos, e assim a economia se recuperaria da crise. A taxa de juros tem estado perto de zero, por quase três anos agora com sinais de alívio da crise. Na verdade, ela só está piorando. O FED começou a lançar dois planos de incentivo e estímulo de tamanho gigante, que incluía a compra sem precedentes de 70% dos títulos do governo americano. Isso também falhou.

O Fracasso dos Passos "Práticos" na Europa

Na Europa, também, o Banco Central Europeu (BCE) baixou a taxa de juros na Zona do Euro de 4,25 para apenas um por cento [12] mas que também se revelou inútil.

A Zona do Euro criou um fundo de resgate europeu com centenas de milhões de Euros para ajudar os países mais vulneráveis do bloco. Este fundo tem lutado para levantar dinheiro de seus membros. No entanto, as demandas por reformas econômicas e sociais que são condições para receber os fundos são tão duras, que poderiam causar tumultos generalizados nos países que os receberiam, como está acontecendo na Grécia.

---

[12] "Euro Area Interest Rate," *Trading Economics*, http://www.tradingeconomics.com/euro-area/interest-rate

No final de 2011, na sequência de um perigo real de que a Grécia poderia dar o calote em sua dívida — o que poderia levar a uma escalada dramática em toda a Zona do Euro e no mundo — o princípio do fundo foi aumentado significativamente para mais de um trilhão de Euros. O acordo sobre o aumento foi assinado depois de muitos debates desafiantes entre os países da Zona do Euro. Muitos especialistas acreditam que esta tentativa, também, irá falhar em resolver a crise de dívida soberana na Europa. Na melhor das hipóteses, ele atrasará um pouco o colapso financeiro e possivelmente social.

O Fundo Monetário Internacional (FMI) também saltou para ajudar a Europa, na alocação de orçamentos substanciais para esse propósito. Muitos países da Europa também começaram a "apertar o cinto" para reduzir o déficit e preencher as condições para receber o auxílio dos fundos. Os cortes nesses países dificultam suas habilidades para colocar suas economias de volta aos trilhos. Em consequência, os cortes estão agravando a situação em muitos países. Esta situação criou um efeito de bola de neve, agravando, em vez de diminuir o problema. Agora, a integridade da Zona do Euro inteira está em perigo iminente.

O bloco da Zona do Euro, que foi concebido para fornecer responsabilidade entre seus membros, está prestes a desmoronar em efeito dominó que começou na Grécia e está rapidamente se espalhando para Itália, Espanha, Portugal. A partir daí, é só uma questão de tempo antes que ele afete as economias mais fortes da França e da Alemanha.

O desemprego em grande parte da Zona do Euro é muito elevado: na Espanha, a taxa de desemprego da força de trabalho total é superior a 20%, e entre os jovens universitários, a taxa de desemprego sobe para cerca de 45%. [13] Muitas empresas e estados soberanos estão se aproximando a um estado de inadimplência em suas dívidas, e os protestos contra os planos de austeridade atestam a complexidade da situação na Europa.

Nos EUA, também o desemprego é elevado [14] e a dívida está subindo rapidamente [15] A atividade econômica é lenta e se esforça em direção à recuperação, enquanto os preços da habitação ainda estão caindo. Em 2011, os EUA sofreram sua primeira diminuição de sua classificação de dívida [16] e todos os mercados financeiros no mundo estão pagando pesadamente por isso.

Embora o teto da dívida norte-americana tenha sido elevado, para evitar o aumento do déficit, qualquer ajuda adicional ou cortes de taxas devem ser acompanhados por cortes no orçamento. Outra opção seria aumentar os impostos em outros setores da economia. O crédito ilimitado que o Presidente Obama teve de lidar com a crise foi perdido, e daí em diante, ele vai ter que cortar e apertar o cinto. Isso prejudica sua capacidade de resgatar a vacilante economia americana da crise.

Além disso, o sistema político americano é golpeado e dividido, a pobreza é crescente e o consumo privado — o mecanismo primário de crescimento da economia americana — está em parada cardíaca. Parece que a economia americana chegou a um beco sem saída.

---

[13] "Spain Unemployment rate," *Index Mundi*, http://www.indexmundi.com/spain/unemployment_rate.html
[14] "United States Unemployment Rate," *Trading Economics*, http://www.tradingeconomics.com/united-states/unemployment-rate
[15] "The Debt to the Penny and Who Holds It," http://www.treasurydirect.gov/NP/BPDLogin?application=np
[16] "Instant view: U.S. loses AAA credit rating from S&P," *Reuters* (August 5, 2011), http://www.reuters.com/article/2011/08/06/us-usa-debt-downgrade-view-idUSTRE77504J20110806

E Agora?

Após mais de três anos de tentativas fracassadas de sanar as economias e os mercados financeiros em todo o mundo, claramente é hora para reexaminarmos nossa tendência de aplicar soluções familiares, mas, evidentemente, ineficazes para os problemas atuais.

A conclusão de que podemos tirar com o fracasso de cada operação de salvamento e plano de resgate, por um lado, e a tenacidade e a gravidade da crise econômica e financeira, por outro lado, é que o paradigma existente esgotou-se. Portanto, temos que urgentemente adotar uma nova postura. As ferramentas atuais para resolver a crise falharam e continuarão a fazê-lo porque são insuficientes para lidar com a rede socioeconômica global da qual somos todos dependentes.

Se adaptarmos os sistemas econômicos e financeiros à rede de ligações econômicas e sociais, se a economia também se adaptar e se pudermos adquirir as características da nova economia — a economia de responsabilidade mutua, então encontraremos diante de nós as ferramentas para resolver a crise.

A incapacidade de lidar com a crise mundial levou muitas pessoas a concordar que a verdadeira causa da crise não é a economia, mas nossas relações humanas. Em uma entrevista ao Der Spiegel, Christine Lagarde, diretora-gerente do FMI, disse que "Tem havido uma clara crise de confiança que agravou seriamente a situação".[17]

Muitos concordam que a mudança de conceitos e valores é necessária agora, uma mudança de relacionamentos baseados no poder , com o objetivo de maximizar o ganho pessoal ou nacional para a solidariedade e a coesão social. A conexão entre as pessoas é o *tema* na agenda pública, e isso é o que exigido para remendar e ajustar as leis do mundo global e conectado. A economia é destinada somente para apoiar e manter a conexão entre as pessoas; afinal, fomos nós, seres humanos, que criamos a economia, e não a economia que criou uma sociedade.

A economia não é uma lei da natureza. É um produto das visões das pessoas e um reflexo das relações humanas e interesses. Portanto, para mudar a economia, devemos primeiro mudar a nós mesmos e nossos relacionamentos. Nós podemos induzir mudanças na economia e na sociedade, concordando que essa responsabilidade é a base para o sistema socioeconômico e educativo em cada país e de fato, em todo o mundo.

---

[17] "There Has Been a Clear Crisis of Confidence," *Spiegel Online International* (April 9, 2011), http://www.spiegel.de/international/world/0,1518,784115,00.html

Não há discussão de que a situação socioeconômica está seriamente danificada, e que o anseio por justiça social tenha mérito. Deve-se perguntar: "O que impede de vermos que a raiz do problema está na falta de responsabilidade mútua da compreensão de que é aí que reside a solução para todos os nossos problemas?"

A resposta é: "É a incapacidade de entender que essa mudança de mentalidade é a etapa mais prática que se pode tomar. E pode ser atingida através da criação de um ambiente social e meios de comunicação que explicam e ensinam sobre o valor da responsabilidade mútua. Sem essa mudança, nenhum plano de serviço econômico ou social terá sucesso".

Na verdade, apenas um elemento chave está faltando em todos os planos de resgate: responsabilidade mútua ,ou seja, um cuidado genuíno de uns para com os outros e acordo feito em um processo de decisão do tipo mesa redonda, sentindo que todos devemos ajudar uns aos outros e fazer concessões, como uma família. Sem essa mudança de mentalidade necessária, qualquer novo pacote de resgate que possa parecer bom, invariavelmente falhará.

Os Benefícios de uma Economia Baseada em Responsabilidade Mútua

A nova economia de responsabilidade mútua tem várias vantagens. É o único que permite verdadeira e sustentável justiça social que existe entre o Estado e seus cidadãos, e entre os estados. Uma economia de responsabilidade mútua será constante, caracterizada por substancial diminuição voluntária das distâncias sociais e econômicas, e um declínio no custo de vida.

É fácil imaginar os sistemas econômicos e sociais no final da transformação que a crise global impõe sobre nós. Vamos dar uma olhada em alguns deles.

Na economia de responsabilidade mútua, a sociedade se adaptará à rede global de conexões. Como resultado, as bolhas financeiras e a corrida interminável por lucros especulativos mudarão, levando a uma economia saudável, equilibrada e global que se baseia em sistemas globais de comércio, produção, consumo, a divisão do excedente e recursos, sistemas de ajuda internacional, e uma maneira mais saudável e menos exigente da vida. Certamente isso estaria em forte contraste com a corrida de ratos em que estamos hoje.

O consumo pessoal deverá voltar à sanidade, ao invés do consumo excessivo que se alimenta de publicidade e pressão social, com o único objetivo de nos convencer a consumir produtos e serviços redundantes. A sociedade de responsabilidade mútua seguirá o princípio de agir como responsáveis do bem-estar uns dos outros e a economia derivará disso. Isto manifestará harmonia entre os seus membros em parcerias de comércio justo, fundos e recursos com foco no progresso, bem-estar, justiça social, e uma divisão justa dos recursos, ao invés de defesa militar e armas.

Em vez de competição desenfreada entre as empresas e países, o apoio mútuo para o bem comum prevalecerá.

A Economia Mudará Quando Criarmos um Ambiente que Promova a Responsabilidade Mútua

A chave para mudar as nossas relações em uma direção melhor encontra-se em informar e educar crianças e adultos semelhantemente. Devemos criar um ambiente de mudança de apoio que possa ajudar as pessoas a se ajustar à realidade global, integral e atingir a responsabilidade mútua entre nós. Como resultado, o princípio da responsabilidade mútua será a base de todos os sistemas futuros, seja de ordem política, social ou econômica.

Estudos recentes [18] têm mostrado que os nossos ambientes têm um impacto crítico sobre os nossos valores, hábitos e até mesmo a nossa saúde. Se construirmos um ambiente que é integral, por natureza, teremos um quadro mais claro de como mudar com sucesso do sistema socioeconômico atual, o que causou a atual crise sobre nós, para o novo sistema, baseado na solidariedade, responsabilidade mútua, e harmonia mútua, estendendo-se nossas relações com a Terra.

Crise como uma oportunidade

Além de curar a economia, podemos usar esta crise para lançar uma nova era na sociedade humana

Pontos-chave

• A crise global tem sido o resultado do caminho evolutivo da humanidade.

• A crise afeta muitas áreas de nossas vidas, tais como educação, família, e ecologia, mas não as abordados devidamente. A eclosão da crise econômica nos obriga a tomar medidas imediatas para garantir a nossa sobrevivência.

• A globalização e a integração do sistema global tornaram os velhos paradigmas irrelevantes. Portanto, temos que desenvolver novos paradigmas que servem as leis do mundo global-integral.

• A crise é uma oportunidade para a introspecção no mundo inteiro, bem como para melhorar as nossas relações interpessoais e internacionais.

• Ao fechar o fosso entre as regras do mundo global-integral - que nos obriga a ligarmo-nos em responsabilidade mútua - e da economia competitiva e individualista atual, criaremos bem-estar econômico e uma sociedade estável e harmoniosa.

Na medicina, o diagnóstico de uma doença é considerado uma coisa boa. Ele nos permite identificar o problema e tratá-lo. O mesmo se aplica para a economia. As crises econômica e financeira são globais, afetando praticamente todos os países do mundo. É difícil estimar o prejuízo global provocado pela crise, como estamos longe de seu fim. No entanto, é claro que a crise é uma continuação da recessão de 2008, e surgiu como o maior desafio econômico e financeiro que o mundo tem enfrentado desde a Grande Depressão dos anos 1930. Como os governos, bancos federais e instituições financeiras internacionais lidam com essa crise em evolução, expansão terá um impacto importante sobre o futuro do planeta.

---

[18] Os mais notáveis estudos provavelmente se encontram em: *Connected: The Surprising Power of Our Social Networks and How They Shape Our Lives—How Your Friends' Friends' Friends Affect Everything You Feel, Think, and Do*, by Dr. Nicholas A. Christakis and Prof. James Fowler (NY: Back Bay Books, 2011), see chapter, "Benefits of the New Economy."

Toda crise representa uma oportunidade. A atual apresenta uma oportunidade para examinar o estado da economia global, o sistema financeiro global, o estado das relações financeiras no sistema internacional, bem como as relações sociais dentro de cada país, e até mesmo dentro das empresas individuais. Introspecção não é um processo realizado enquanto num estado de euforia. Pelo contrário, ela é feita durante os períodos de angústia e crise.

Na verdade, a crise global não se limita à economia. É tão aguda em educação, questões domésticas, como o divórcio e violência doméstica, ecologia, e diminuição dos recursos naturais da Terra. De vez em quando a Natureza "lembra-nos" de nossa fragilidade por meio de um terremoto, um tsunami, um furacão, ou algum outro desastre natural. O imediato, efeito proibitivo da crise financeira mundial faz com que o despertar ideal chamando-nos a reconsiderar as premissas em que as nossas economias e nossas sociedades se baseiam.

Os Desafios Colocados pela Globalização

A Grande Depressão da década de 1930 e a incapacidade de resolvê-la com os paradigmas da economia clássica levou o economista John Maynard Keynes (1883-1946) a desenvolver o modelo keynesiano. Este modelo afirma que para garantir o crescimento econômico, deve haver intervenção ativa do governo nos mercados financeiros.

Oito décadas depois, o modelo keynesiano se provou um fracasso. Ele não resolveu a crise econômica global atual, que começou como uma crise financeira e evoluiu para uma crise mundial da economia real, refletido no desemprego, cortes de salário e distúrbios sociais. O fracasso dos antigos, familiares modelos financeiros levou o Prêmio Nobel, Joseph Stiglitz, a declarar: "De certa forma, não só há uma crise em nossa economia, deve haver uma crise na economia." [19]

No entanto, para um novo paradigma econômico ter sucesso, deve-se levar em consideração as novas condições que têm surgido na sociedade humana durante o século 21. O mundo se tornou uma aldeia global em que a interdependência e influência mútua entre as suas partes estão crescendo. Tornamo-nos um sistema global-integrante composto de elementos interligados, obrigados a conectarem-se a uns aos outros, afetando assim uns aos outros e afetando as futuras gerações para a maior parte, de forma adversa.

Assim, de acordo com um relatório[20] do Instituto de Pesquisa Europa Sustentável (SERI), "Os seres humanos hoje extraem e utilizam cerca de 50% mais recursos naturais do que apenas há 30 anos, em cerca de 60 bilhões de toneladas de matérias-primas por ano. ... Dadas as tendências atuais de crescimento, nossa extração de recursos naturais pode aumentar para 100 bilhões de toneladas até 2030."

---

[19] "O curta metragem de the 2011 Lindau Nobel Laureate Meeting in Economic Sciences," *The New Palgrave Dictionary of Economics Online*, http://www.dictionaryofeconomics.com/resources/news_lindau_meeting (the above-mentioned statement is in Stiglitz's video after 10:05 minutes.

[20] "Overconsumption? Our use of the world's natural resources," *Sustainable Europe Research Institute (SERI)* (September 2009), www.foeeurope.org/publications/2009/Overconsumption_Sep09.pdf

Outro efeito negativo da globalização é uma concentração de poder e riqueza. De acordo com um comunicado de imprensa pelo Credit Suisse, [21] "Menos de 1% da população adulta do mundo... possui 38,5% da riqueza familiar global. "Isso bate nos principais argumentos do Occupy Movement que surgiu na Queda de 2011 em várias cidades nos EUA e ao redor do mundo".

Muito tem sido dito sobre as repercussões da globalização. Thomas Friedman, autor do *World Is Fla (A Terra é Plana):* Uma breve história do século XXI, introduziu em sua coluna [22] no The New York Times, em 11 de outubro de 2011, duas teorias que representam as duas extremidades do debate sobre o impacto da globalização. A primeira teoria é do ambientalista australiano, Paul Gilding, autor de *Great Disruption (O Grande Rompimento).* Gilding disse: "Eu olho para o mundo como um sistema integrado, então eu não vejo esses protestos, ou a crise da dívida, ou desigualdade, ou da economia, ou o clima ficando estranho, de forma isolada — vejo o nosso sistema no doloroso processo de quebra", que é o que ele quer dizer com" A Grande Ruptura", disse Gilding. "Nosso sistema de crescimento econômico, da democracia ineficaz, de sobrecarga do planeta Terra — nosso sistema — está comendo-se vivo."

Uma teoria oposta é a de John Hagel III, que vê a situação atual como o início de uma "grande mudança", resultante de uma combinação da globalização e da revolução da informação. Segundo Hagel, hoje é o início de um tempo de prosperar para a humanidade, ainda que hoje nós sentimos isto como pressão, devido ao nosso uso continuado de instituições ineficientes e práticas.

No final das contas, de acordo com Hagel, estamos no meio de um imenso fluxo global de ideias, inovações e oportunidades de lucro por meio da colaboração. Hagel acredita que a grande tarefa pela frente "... convida-nos a aprender mais rápido, trabalhando em conjunto e para tirar de nós mesmos mais do nosso verdadeiro potencial, tanto individualmente como coletivamente." Quer se incline em direção a uma teoria ou outra, ambas nos mostram que a crise chegou mesmo a tempo de ser uma chamada ao despertar.

Na verdade, somos chamados a adaptar os sistemas econômicos e sociais aos requisitos do sistema global-integral de hoje. Todavia, para concretizar o nosso potencial, precisamos fazer uma mudança fundamental nos processos de pensamento e conduta financeira que nos levaram à crise. Assim como a Grande Depressão da década de 1930 levou Keynes a formar um paradigma econômico mais adequado para sua época, temos que mudar nossos paradigmas atuais e adaptá-los à realidade de um mundo global e integral, se quisermos sair mais fortalecidos da atual crise. A crise nos permite ver que no mundo de hoje, os velhos paradigmas se tornaram disfuncionais e o melhor exemplo é o paradigma capitalista.

O Capitalismo na Era da Globalização

A crise mundial colocou dois dos princípios do capitalismo a um teste — um eles parece ser falho. Esses princípios são: 1) que a oferta e demanda se balanceiam, e 2) que, trabalhando em um interesse próprio, um indivíduo realmente beneficia o público. Para identificar o problema vamos voltar às origens do pensamento capitalista.

---

[21] "Credit Suisse: Global wealth has soared 14% since 2010 to USD 231 trillion with the strongest growth in emerging markets," *Credit Suisse* (October 19, 2011), https://www.credit-suisse.com/news/en/media_release.jsp?ns=41874

[22] Thomas Friedman, "Something's Happening Here," *The New York Times* (October 11, 2011), http://www.nytimes.com/2011/10/12/opinion/theres-something-happening-here.html?_r=3&hp

Em seu livro de 1776, A Riqueza das Nações, de Adam Smith escreveu: "Como cada indivíduo se esforça tanto quanto puder tanto para empregar seu capital no apoio da indústria nacional e assim, direcionar essa indústria para que seus produtos possam ser de maior valor; cada indivíduo necessariamente trabalha para tornar a receita anual da sociedade tão grande quanto ele possa".

"Ele geralmente, de fato, não tem a intenção de promover o interesse público, nem sabe o quanto ele está promovendo". Preferindo o apoio nacional ao da indústria estrangeira, ele pretende apenas a segurança própria, e por dirigir a indústria de tal maneira que sua produção possa ser de maior valor, ele pretende apenas seu próprio ganho, e é neste , como em muitos outros casos, guiado por uma mão invisível a promover um fim que não fazia parte de sua intenção.

"Nem sempre é o pior para a sociedade que não era parte dele. **Ao perseguir seus próprios interesses, ele frequentemente promove o da sociedade mais eficazmente do que quando tenciona realmente promovê-lo.**" [23]

Por esta razão, acrescenta Smith, "A demanda para aqueles que vivem de salários, portanto, necessariamente aumenta com o aumento da receita e estoque de todos os países, e não pode, possivelmente, aumentar sem isso. O aumento das receitas e estoques é o aumento da riqueza nacional".

A suposição de Smith de que a oferta e a demanda equilibram-se por meio de uma "mão invisível" criou a regra que leva ao pensamento capitalista do dia de hoje, que o objetivo do indivíduo para maximizar os lucros leva o lucro máximo para toda a sociedade. No entanto, o desenvolvimento primário do pensamento econômico contemporâneo — como uma condição necessária para um eficiente mercado livre — é uma livre concorrência. O mercado deve incluir um número ilimitado de fabricantes e consumidores, os quais possuem todas as informações relevantes, nenhum deles tem qualquer efeito sobre os preços no mercado, e os custos de transporte de mercadorias são irrelevantes em relação ao comércio em si.

Essas condições deveriam se manifestar da maneira mais ideal em nosso mundo global. O desenvolvimento do comércio mundial aumentou o número de fabricantes e consumidores no mercado, e reduziu significativamente o custo do transporte de mercadorias. A Revolução da Informação por meio da Internet contribuiu significativamente para o aumento da competitividade. Isto também apresentou as informações necessárias para fabricantes e consumidores.

Atendendo a estes desenvolvimentos, seria de esperar que estivéssemos experimentando a economia de mercado livre em sua glória. Como, então, terminamos em uma crise global que não conseguimos resolver?

A razão para o surgimento da crise global é esta: enquanto a globalização aumenta as chances de determinados pressupostos clássicos se manifestarem, também ajudam a minar outra suposição, a consideração de conexão e efeito mútuo dos elementos do mercado. Em um mundo onde o livre mercado está se comportando de acordo com o ideal de Smith, as pessoas trabalham para seu próprio interesse e não estão afetadas pelos outros nem afetam o seu bem-estar. No entanto, as pessoas não vivem em uma bolha isolada. Eles são seres sociais, cujo bem-estar é interdependente ao de outros, e esta interdependência é vivida hoje mais do que nunca. Esta

---

[23] O texto em negrito foi enfatizado pelo autor deste ensaio

influência das relações sociais introduz um elemento que é aparentemente ausente da teoria de Smith.

Vários estudos descrevem a integração social que o mundo está passando, tudo parte do processo de globalização. Entre os mais notáveis está o estudo do Dr. Nicholas A. Christakis e o Professor James Fowler, que ficou famosa em seu livro, *Connected: The Surprising Power of Our Social Networks and How They Shape Our Lives—How Your Friends' Friends' Friends Affect Everything You Feel, Think, and Do.* Eles concluem que "a expansão da influência nas redes sociais obedece ao que chamamos de Regra de Três Graus de Influência. Tudo o que fazemos ou dizemos tende a ondular pela nossa rede, tendo um impacto sobre nossos amigos (primeiro grau), os amigos dos amigos (segundo graus), e até mesmo nos amigos dos amigos dos amigos (terceiro grau)... Da mesma forma, somos influenciados por amigos dentro de três graus." [24]

Assim, a nossa saúde, riqueza e felicidade estão em grande parte em função do que as pessoas a três graus de afastamento de nós pensam e fazem.

Na mesma linha, o Professor Ludger Kühnhardt, diretor do Centro de Estudos de Integração Europeia em Bonn, declarou: "O século 21, ao contrário do período após o Congresso de Viena, não é mais um jogo de soma zero de vencedores e perdedores. Pelo contrário, é um século de vários nós de rede." [25]

Externalidades Negativas

Um exemplo da influência da interconexão humana sobre a dinâmica da economia é chamado de "externalidades negativas." Esse termo descreve o custo infligido aos outros por uma ação pela qual os afetados não têm ligação. Assim, se uma fábrica polui um lago próximo, matando os peixes naquele lago, que inflige danos aos pescadores cujos meios de vida dependem dos peixes no lago. Esta é uma externalidade negativa.

A solução tradicional envolve supervisão pelas autoridades. No entanto, a superprodução e poluição abundam, apesar da supervisão e da crescente evidência de que estamos vivendo em um mundo interconectado e interdependente. Os métodos que os líderes e tomadores de decisão estão tentando aplicar a lidar com os problemas do nosso mundo interconectado são os mesmos métodos que eles usaram durante décadas, quando o mundo era muito menos interligado.

A questão, então, não é se os tomadores de decisão terão que renovar suas abordagens para a resolução da crise global, mas o quanto os contribuintes terão que pagar antes de perceber isso e agir.

Em Direção ao Futuro

O fracasso do capitalismo, como expresso na crise atual, demonstra a necessidade urgente de construir um novo paradigma econômico. Os chefes da Organização para a Cooperação e Desenvolvimento Econômico (OECD) e da Organização Internacional do Trabalho (ILO)

[24] Nicholas A. Christakis and James Fowler, *Connected: The Surprising Power of Our Social Networks and How They Shape Our Lives—How Your Friends' Friends' Friends Affect Everything You Feel, Think, and Do* (NY: Back Bay Books, 2011), 26

[25] Ludger Kühnhardt, "A Call for the United States to Rediscover Its Ideals," *The Globalist* (May 24, 2011), http://www.theglobalist.com/StoryId.aspx?StoryId=9149

publicou recentemente um aviso de que "O número total de desempregados é ainda 200 milhões no mundo todo, perto do pico registrado na profundidade da Grande Recessão" [26]

Mesmo nos países do G20, "A análise... expressa a preocupação de que o emprego pode... crescer a uma taxa de pouco menos de um por cento (0,8) até o final de 2012, resultando em um déficit de 40 milhões de emprego nos países do G20 no próximo ano [2012] e um déficit muito maior em 2015".

Na luz do futuro perigoso, os preços dos alimentos, e da intensificação da agitação social em todo o mundo, é claro que um novo paradigma é necessário, um que se adapte ao novo mundo globalmente interligado do século 21. O novo paradigma deve levar em conta a natureza integral e interdependente do mundo de hoje. Em vez de o conceito obsoleto que o egoísmo do homem acabará por levar a um maior bem comum, precisamos ver a humanidade como uma entidade complexa, com elementos interdependentes.

Além disso, a taxa em que a crise se espalha indica que a janela de oportunidade está se fechando. Estamos vivendo num tempo emprestado e devemos acelerar nossos passos em direção à transformação. A única pergunta é: "Que tipo de transformação deve ser isso?"

"O verdadeiro desafio hoje é mudar nossa maneira de pensar — não apenas nossos sistemas, instituições ou políticas. Precisamos da imaginação para captar a imensa promessa — e desafio — do mundo interconectado que criamos. O futuro está com mais globalização, não menos -. Mais cooperação, mais interação entre povos e culturas, de uma participação ainda maior de responsabilidades e interesses." Em suas palavras de encerramento, Lamy previu, "O futuro está com mais globalização, não menos — mais cooperação, mais interação entre povos e culturas, e até mesmo uma maior partilha de responsabilidades e interesses. É "unidade na nossa diversidade global" ... que precisamos hoje."

Colocando Palavras em Ação

O novo mundo está empurrando as pessoas para ficarem mais próximas, forçando-nos a cuidar uns dos outros em solidariedade genuína, e repensar a concorrência agressiva e o consumismo excessivo. Esta crise está nos levando, chutando e gritando, em harmonia com as leis do sistema global integral.

Para se adaptar a este mundo global integral, devemos estudar como ele funciona e como todos os elementos estão ligados na indústria, no setor bancário, e em sistemas de governo. Portanto, a chave para o sucesso está em um novo sistema de educação que irá informar as pessoas sobre a natureza do mundo de hoje. Este programa não só informar, mas também ajudar-nos a praticar novos códigos de comunicação e relações humanas, mostrando-nos como construir nossas relações sociais para sobreviver em um mundo interconectado.

Como observado por Lamy, a evolução contínua da humanidade em direção à globalização e integração é uma certeza. Se aprendermos a ajustar as nossas inter-relações e economia à nova realidade, poderemos alcançar a harmonia e equilíbrio com as leis do novo sistema. Este novo

---

[26] "ILO warns of major G20 labour market decline in 2012 and serious jobs shortfall by 2015," *International Labor Organization* (September 26, 2011), http://www.ilo.org/global/about-the-ilo/press-and-media-centre/news/WCMS_163835/lang--en/index.htm

equilíbrio compor-se-á de responsabilidade mútua (cada pessoa garantindo aos outros o bem-estar), solidariedade social, educação genuinamente livre para todos,ou seja, um reenquadramento de como usar nossos recursos naturais, e harmonia na economia global.

Enquanto mantivermos nossa percepção atual do mundo, nós não teremos compreensão da essência da mudança que o mundo está passando. Apenas se nós nos reeducarmos e aprendermos sobre a nova realidade, entenderemos as causas e a natureza da mudança exigida de nós. Por meio da educação, perceberemos que temos de superar os elementos que nos separam em todos os níveis, e que devemos buscar laços de responsabilidade mútua. Quando conseguirmos isso, descobriremos que a nova realidade também é uma grande oportunidade. A transformação do pensamento é a chave para o nosso sucesso e para a prosperidade global. E sem esta crise global, nunca consideraríamos tal transformação desejável ou mesmo possível.

Pesquisa em Economia Desafios da Equação de que riqueza é igual à felicidade

A chave para a felicidade não é a riqueza, mas uma conexão de responsabilidade mútua entre nós

Pontos-chave

• Estudos comprovam que, além de certo rendimento, a renda adicional não necessariamente aumenta a felicidade.

• Quando atingir uma meta que estabelecemos para nós mesmos, a satisfação é breve e fugaz.

• Medir o bem-estar e qualidade de vida pelo crescimento do produto interno bruto distorce a imagem real.

• Outras medidas como o valor das relações humanas podem representar a felicidade pessoal com mais sucesso.

• Educar para a responsabilidade mútua e da solidariedade social vai mudar as relações humanas.

O Estudo da Felicidade

A máxima: "O dinheiro não pode comprar felicidade", foi confirmada em uma série de estudos em economia e psicologia. Esses estudos mostram que, apesar do aumento do padrão de vida e de riqueza nos países industrializados, o nível de felicidade permanece estagnado. Em 1974, Professor de Economia na Universidade do Sul da Califórnia, Richard A. Easterlin publicou um estudo pioneiro.

, estabeleceu o que hoje é conhecido como "O Paradoxo Easterlin", um conceito chave na economia felicidade. O paradoxo afirma que em comparações internacionais, o nível médio de felicidade relatado não varia muito com o rendimento nacional por pessoa, pelo menos para os países com renda suficiente para satisfazer as necessidades básicas. Easterlin argumentou que a felicidade pessoal não depende de renda absoluta das pessoas, mas da relativa. As pessoas não são infelizes porque são pobres, mas porque são (ou percebem-se) na parte inferior de uma escala em que se medem.

Abaixo está um diagrama demonstrando renda média comparada com a felicidade nos Estados Unidos, 1957-2002, divulgado pelo World Watch Institute, em 2004 [27]:

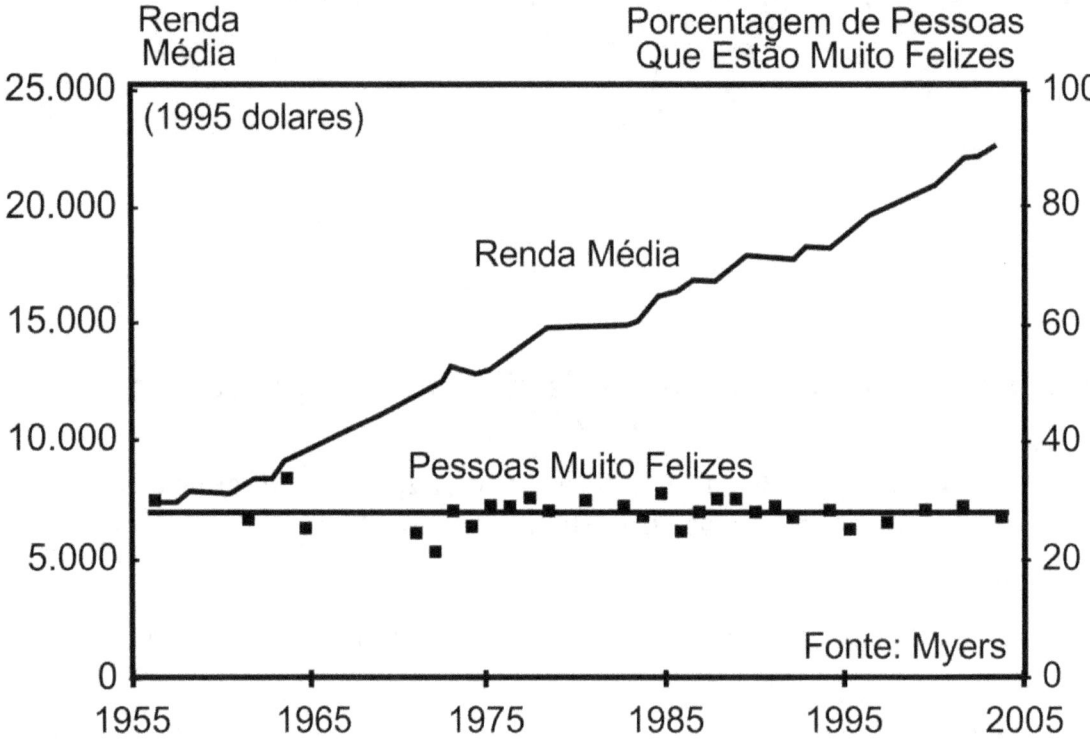

Easterlin não era o único que tinha dúvidas de que uma economia de sucesso é medida pelo crescimento do Produto Interno Bruto (PIB) e os parâmetros relacionados a isto. Em uma palestra no TED, Ideas Worth Spreading,[28] Nic Marks, Nic Marks, fundador do Centro de Bem-Estar no New Economics Foundation (NEF), fez alguns argumentos muito contundentes sobre como

---

[27] Brian Halweil and Lisa Mastny (project directors), *State of the World 2004: A Worldwatch Institute Report on Progress Toward a Sustainable Society*, Linda Starke, Editor (N.Y., W.W. Norton & Company, Inc., 2004), http://ec-web.elthamcollege.vic.edu.au/snrlibrary/resources/subjects/geography/world_watch_institute/pdf/ESW040.pdf, Figure 8-1, p 166

[28] Nic Marks, "The Happy Planet Index," *TED, Ideas Worth Spreading* (July 2010), http://www.ted.com/talks/nic_marks_the_happy_planet_index.html

medir a felicidade. "Como é louco que essa nossa medida de progresso, a nossa medida dominante do progresso na sociedade, está medindo tudo, exceto aquilo que faz a vida valer a pena [bem-estar]? Um dos problemas que enfrentamos... é que as únicas pessoas que têm conquistado o mercado em termos de progresso é uma definição financeira de que o progresso é uma definição econômica... que de alguma forma, se obtivermos os números certos para ir para cima, seremos melhores... que de alguma forma a vida ficará melhor. Isto é de alguma forma atraente para a cobiça humana... que mais é melhor. Vamos! No mundo ocidental, temos o suficiente."

A crise econômica como uma oportunidade de examinar o paradigma econômico

O estudo da felicidade é cada vez mais pertinente do que nunca nestes dias de crise global. A equação: riqueza = felicidade está na base dos paradigmas econômicos existentes. Em grande medida, determina o nosso modo de vida, sua qualidade, nossas relações interpessoais e as relações entre cidadãos e Estado. Em grande medida, a crença de que a riqueza = felicidade também afeta a natureza do sistema internacional econômico inteiro.

Cada calouro da faculdade entende que a expressão, "maximizando a utilidade sob um limite de orçamento existente", é o mesmo que o nível máximo de felicidade que pode ser obtido com uma determinada quantia de dinheiro. A crise contemporânea é uma oportunidade para analisar se o atual paradigma econômico e o sistema de vida existente realmente alcançaram seus objetivos e proporcionar às pessoas felicidade.

Realidade vs. o Sonho Americano

Em seu livro de 1931, The Epic of America, escritor e historiador americano James Truslow Adams, cunhou o termo, "O Sonho Americano". Ele escreveu: "A vida deve ser melhor e mais rica e mais plena para todos os homens, com oportunidade para cada um de acordo com a sua capacidade ou realização" [29]

Esse sonho tornou-se a aspiração não só de todas as crianças e adultos na América, mas o sonho de milhares de milhões em todo o mundo. Este sonho se traduz na crença de que para ser feliz, é preciso ter uma casa própria, de preferência uma grande casa, para uma única família, em bairro bom, dois carros por família, e uma economia substancial para os anos dourados. Nesse sonho, cada nova chegada à América pode se tornar rica e próspera, apenas se a pessoa trabalhar duro o suficiente.

Infelizmente, a realidade de hoje não é O Sonho Americano. Na realidade, milhares de pessoas na América não podem trabalhar duro e fazer seus sonhos se tornarem realidade, simplesmente porque não conseguem um emprego. Os sistemas de saúde e bem-estar são tão desiguais e deformados que só perpetuam as desigualdades socioeconômicas. Na verdade, poucas pessoas realizam O Sonho Americano, enquanto o resto continua a lutar para evitar a pobreza.

Mas a maior surpresa sobre O Sonho Americano não é que apenas poucos tornam esse sonho realidade. Pelo contrário, é o fato de que mesmo aqueles que conseguem não são mais felizes!

---

[29] James Truslow Adams, *The Epic of America* (U.S.A. Taylor & Francis, 1935), 415

Felicidade — Não É uma Ciência Exata

Tal Ben Shahar é um PhD em comportamento organizacional e um renomado professor e escritor sobre a psicologia positiva e liderança. Ele afirma que a raiz de sensações negativas é interna — um conceito errôneo de felicidade que causa frustração prolongada. Em uma entrevista com o jornal israelense Calcalist, ele diz: "As pessoas de sucesso, muitas vezes experimentam níveis mais elevados de depressão ou insatisfação. A principal razão para isso é que o mecanismo operando dentro de muitos de nós nos faz pensar que quando recebemos algo — um aumento, um carro novo, ou uma nova casa — seremos felizes. Dessa forma, vivemos com a sensação de que temos algo a procurar. O problema é que quando conseguimos o objetivo que tínhamos definido a sensação de satisfação e alegria que deriva é temporária e desaparece rapidamente. Nós experimentamos um aumento no nível de felicidade, mas rapidamente voltamos ao lugar de onde viemos antes de obter o que queríamos, só que agora estamos desapontados e, por vezes perdidos. Esse mecanismo de felicidade é defeituoso desde o núcleo. Paradoxalmente, ele nos faz muito mais infelizes, especialmente quando obtemos o que queremos" [30].

A Grama do vizinho É Mais Verde

Outra razão para a diferença entre renda e felicidade é a nossa tendência a medir-nos em relação aos outros, mais comumente conhecido como "Mantendo o passo com o vizinho". Numerosos estudos em economia comportamental mostram que as pessoas se comportam irracionalmente quando se comparam a outros. Como os economistas David Hemenway e Sara Solnick demonstraram em um estudo na Universidade de Harvard, muitas pessoas preferem receber um salário anual de US $ 50.000 quando outros recebem $ 25.000, depois ganhar US $ 100.000 por ano, quando os outros estão ganhando $ 200.000[31]. Da mesma forma, os economistas Daniel Zizzo e Andrew Oswald realizaram um estudo que mostrou que as pessoas que desistiriam do dinheiro, se outras pessoas desistissem de uma quantia um pouco maior.[32]

Riqueza Significa Segurança Financeira — ou Faz Isto?

Estudos foram realizados para determinar se uma pessoa com uma renda maior teria menos preocupações, em comparação com uma pessoa que mal podia fazer face às suas despesas. Os resultados foram fascinantes. A professora de economia comportamental da Universidade de Princeton, Talya Miron-Shatz, testou a conexão entre o nível de renda e senso de segurança financeira. Ela descobriu que a "segurança financeira contribui para a predição de satisfação com a vida, acima da contribuição de renda" [33].

O Mundo Está Mudando, e Assim É a Percepção de Felicidade

---

[30] Tal Ben Shahar, "Our Happiness Scheme is Wrong, and Then Comes Frustration, *Calcalist* (17 de Abril de 2011), http://www.calcalist.co.il/local/articles/0,7340,L-3515186,00.html

[31] Solnick, S.J., & Hemenway, D., (1998). "Is more always better? A survey on positional concerns." *Journal of Economic Behavior & Organization*, 37 (3), 373-383.

[32] The study is quoted in an online essay, "Misery Loves Company: Recession Edition," in the blog, *Macro and Other Market Musings* (December 27, 2008), http://macromarketmusings.blogspot.com/2008/12/misery-loves-company-recession-edition.html

[33] Talya Miron-Shatz, "'Am I going to be happy and financially stable?': How American women feel when they think about financial security," *Judgment and Decision Making*, vol. 4, no. 1, February 2009, Princeton University, pp. 102-112 (http://journal.sjdm.org/9118/jdm9118.html#note1)

Os resultados dos estudos acima referidos, e em muitos mais, desafiam as convenções mais fundamentais da nossa sociedade. Estamos começando a perceber que a equação atual de dinheiro = felicidade simplesmente não é verdade. Em vez disso, a busca de riqueza causa frustração, prejudica a nossa saúde, e danifica as nossas relações com os outros por cultivar concorrência e egocentrismo. Nosso pensamento está começando a mudar a partir do sentido individualista - competitivo para um que seja mais equilibrado e harmonioso com o ambiente e com os outros.

O nosso comportamento como consumidores, nossa atitude em relação ao dinheiro, e as satisfações atribuídas a ter dinheiro estão começando a ajustar-se à realidade global e interconectada em que vivemos, onde estamos todos ligados uns aos outros, afetando uns aos outros como peças de um quebra-cabeças mundial. Nesse sistema, que pode ser chamado de "global-integral", estamos começando a sentir o vazio dos valores do consumismo e a busca de bens materiais. Aqueles que se esforçam por eles e acreditam que o dinheiro significa felicidade estão começando a perceber que os métodos tradicionais para obter a felicidade já não estão funcionando porque o mundo mudou para uma unidade global-integral. Por esta razão não podemos chegar à felicidade se esta não está ligada à felicidade dos outros, e certamente não se vem à custa dos outros.

Capitalismo e Felicidade — Não é o Que Você Pensava

Em 20 de janeiro de 2011, o professor de Economia Política, Robert Skidelsky, membro da Câmara dos Lordes britânica e autor de uma biografia premiada do economista John Maynard Keynes, escreveu,[34] "O capitalismo pode estar próximo de esgotar seu potencial para criar uma vida melhor, pelo menos nos países ricos do mundo". Por "melhor", quero dizer melhor eticamente, não materialmente. ...Foi, e é, um excelente sistema para superar a escassez. Ao organizar a produção de forma eficiente, e dirigindo-a para a busca do bem-estar, em vez de poder, levou uma grande parte do mundo a sair da pobreza.

"No entanto, o que acontece a esse sistema quando a escassez tem se tornado abundância"? Será que é só continuar a produzir mais do mesmo, estimulando apetites cansados com novos dispositivos, emoções e excitações? Quanto tempo isso pode continuar? Gastaremos o próximo século chafurdando na trivialidade?...

"Na verdade, o 'espírito do capitalismo' entrou para assuntos humanos um pouco tarde na história". Antes disso... Uma pessoa que dedicava sua vida a fazer o dinheiro não era considerada um bom modelo. ...Foi só no século 18 que a ganância se tornou moralmente respeitável. ...Isto inspirou o Modo de Vida Americano, onde o dinheiro sempre fala mais alto.

"O fim do capitalismo significa simplesmente o fim do desejo de ouvi-lo. As pessoas começam a aproveitar o que eles têm, ao invés de sempre querer mais... Como mais e mais pessoas encontram-se com o suficiente, pode-se esperar que o espírito de ganho perca a sua aprovação social. O capitalismo teria feito o seu trabalho, e o lucro vai retomar o seu lugar na galeria dos vilões".

---

[34] Robert Skidelsky, "Life after Capitalism," *Project Syndicate* (January 20, 2011), http://www.project-syndicate.org/commentary/skidelsky37/English

""...A evidência sugere que as economias seriam mais estáveis e os cidadãos mais felizes se a riqueza e renda fossem mais bem distribuídas. A justificativa econômica para grandes desigualdades de renda — a necessidade de estimular as pessoas a serem mais produtivas — desmorona quando o crescimento deixa de ser tão importante.

"Talvez o socialismo não seja uma alternativa ao capitalismo, mas o seu herdeiro. Ele herdará a terra não pela remoção dos ricos de suas propriedades, mas fornecendo motivos e incentivos para os comportamentos que não estão relacionados com a acumulação de riqueza".

A Economia como um Reflexo das Relações Humanas

A razão pela qual a suposição de que uma grande renda signifique mais felicidade não reflete a realidade já que nos esquecemos de que a economia inclui um elemento dominante humano. É um elemento complexo, não uma ciência exata. E acima de tudo, é difícil medir o elemento humano.

A economia comportamental já provou que o homem não é uma máquina racional. Em 1979, os professores Daniel Kahneman e Amos Tversky apresentaram a teoria da "Perspectiva", pela qual Kahneman ganhou o Prêmio Nobel de Economia (seis anos após a morte de Tversky). A pesquisa mostrou que as pessoas são incapazes de analisar situações de decisão complexas quando as futuras consequências são incertas. Em vez disso, confiam em atalhos, que parecem fazer sentido, ou regras de ouro, com poucas pessoas avaliando sua probabilidade subjacente[35].

Os estudos mencionados acima de Hemenway e Solnick, assim como muitos outros estudos, indicam que a economia diz respeito às relações humanas, tanto quanto ela explora a forma como os seres humanos conduzem seus negócios.

A solução — Relações Baseadas na Responsabilidade Mútua

Pela maioria dos indicadores, a humanidade chegou a um ponto de inflexão. Desespero e depressão em todo o mundo tornaram-se muito prevalentes. Na Europa, um estudo revelou que, "Quase 40 por cento dos europeus tem doenças mentais" [36]

O abuso de drogas e álcool está em alta e a taxa de divórcio em todo o mundo ocidental está subindo rapidamente. Os dados mostram claramente que estamos perdendo as esperanças, estamos inseguros e pessimistas, mesmo com a perspectiva de nossos filhos tenham uma vida melhor que a nossa[37]. Esta tendência já existe há alguns anos, mesmo em tempos economicamente mais otimistas, mas a crise atual é acelerar e intensificar a tendência ao pessimismo.

---

[35] Daniel Kahneman, *Encyclopædia Britannica*, http://www.britannica.com/EBchecked/topic/891306/Daniel-Kahneman

[36] "Fast 40 Prozent der Europäer sind psychisch krank" (translation: "Nearly 40 percent of Europeans are mentally ill"), *Der Spiegel* (September 5, 2011), http://www.spiegel.de/wissenschaft/medizin/0,1518,784400,00.html

[37] Toby Helm, "Most Britons believe children will have worse lives than their parents – poll," *The Guardian* (3 de Dezember de 2011), http://www.guardian.co.uk/society/2011/dec/03/britons-children-lives-parents-poll?INTCMP=SRCH

Então, o que pode nos fazer feliz? Claramente, cada pessoa precisa ter renda suficiente para a subsistência digna, permitindo que as necessidades da vida sejam cumpridas, tais como alimentação, vestuário, habitação, saúde e educação. Mas, além disso, como foi demonstrado acima, um aumento no bem-estar só é possível por meio da melhoria das relações humanas, e não por aumento de patrimônio pessoal. Precisamos mudar de uma atitude de alienação a uma de consideração e de responsabilidade mútua, onde todos são fiadores do bem-estar uns dos outros.

Com um mundo global e estreitamente integrado, temos que ajustar nossas conexões em conformidade. Devemos chegar a sentir que os sistemas sociais e econômicos e interações humanas são baseados no cuidado, consideração e responsabilidade mútua. Quando as pessoas se sentem confiantes de que não serão exploradas ou usadas, elas abaixam suas barreiras de defesa contra os outros. Em outras palavras, precisamos de responsabilidade mútua, a fim de sermos felizes, e a responsabilidade mútua não pode ser comprada com dinheiro.

A importância dos estudos apresentados acima e de outros semelhantes a eles é que eles provam que a riqueza não é um pré-requisito para a felicidade. Em vez disso, o cuidado, consideração, responsabilidade mútua e segurança financeira são os melhores meios para a obtenção de felicidade do que apenas ser rico. Se conseguirmos criar um ambiente que instiga valores de solidariedade, cuidado com os outros, e de responsabilidade mútua, seremos capazes de aumentar o nível de felicidade pessoal de cada pessoa na sociedade. É por isso que a responsabilidade mútua é tão importante.

Nós não nascemos iguais, alguns nascem mais inteligentes, alguns mais fortes, outros mais ricos, e alguns com melhor saúde. Enquanto a sociedade continua a dizer-nos que temos de competir com os outros, ultrapassá-los em dinheiro e recursos, não vamos alcançar a igualdade social, e em um mundo global integral, igualdade social e responsabilidade mútua são condições prévias para a felicidade pessoal. Para resolver os problemas mentais, emocionais, econômicos e financeiros de nosso mundo, nós devemos criar uma sociedade baseada em uma rede de responsabilidade mútua, em que cada pessoa participa nas atividades da sociedade e recebe dela o que se precisa para sustento razoável. Quando criamos essa sociedade, haverá a verdadeira igualdade, e o sentimento de injustiça e depravação que prevalecem no clima social de hoje serão coisas do passado.

A chave para a solução está em cultivar valores como a generosidade, a consideração e o cuidado mútuo para substituir os valores do materialismo e da competitividade. Isto aumentará a sensação de felicidade, também. Nós descobriremos que realizar o nosso potencial só é possível em uma sociedade que se conduz pelo princípio da responsabilidade mútua. A satisfação, confiança e segurança que derivará de viver em uma sociedade harmoniosa nos trará a felicidade que almejamos e temos sido incapazes de alcançar por meios monetários.

Em Direção ao Consumismo Equilibrado na Nova Economia

Excesso de consumo e seus males darão lugar ao equilíbrio, consumo funcional e um modo de vida saudável.

Pontos-chave

- Nos últimos 50 anos, o consumo do consumidor tornou-se um elemento chave em nossas vidas. Hoje ela determina o nosso status social.

- A indústria da publicidade, que trabalha para maximizar os lucros dos consórcios gigantes, bem como a sua própria, criou uma cultura de consumo conhecida como o "consumismo" e fez-nos escravos modernos.

- A corrida de ratos de consumismo afeta negativamente muitos aspectos de nossas vidas, nossa saúde física e mental, nossos laços familiares, o nosso tempo livre, e nosso ambiente.

- A solução é mudar para o consumo, equilibrado funcional, após o que muitas marcas e produtos desaparecerão.

- A transição para o consumo equilibrado é parte de uma mudança estrutural em uma economia equilibrada e funcional, onde ambos a economia e o consumo equilibrado se baseiam em valores de responsabilidade mútua e de solidariedade social.

- Uma economia funcional e consumo balanceado suprirão nossas necessidades razoáveis. Com o tempo e os recursos liberados, as pessoas serão capazes de realizar o seu potencial pessoal e social e serão capazes de manter um modo de vida harmonioso e sustentável.

- O fornecimento de informações e educação e a criação de ambientes de apoio são necessários para nos conectar em responsabilidade mútua.

Do consumo para o consumismo

O termo "consumo" é definido como "o uso de bens e serviços" para satisfazer as necessidades do homem. Na Economia Neoclássica, um indivíduo ganha mais do que pessoalmente consome. A teoria econômica lida com o comportamento do homo economicus (humano - econômico) e suas relações com seu ambiente.

A Teoria da Escolha Racional[38] apresenta indivíduos como seres racionais agindo para realizar seus interesses, tendo todas as ferramentas e raciocínio necessário para tomar decisões objetivas, a fim de maximizar o seu ganho pessoal. Na verdade, no entanto, estes pressupostos não são realizados. Os últimos estudos em economia comportamental demonstram que o homem não se comporta racionalmente.

Prof. Dan Ariely, um especialista internacional em economia comportamental, descreve em seu livro, *Predictably Irrational: The Hidden Forces That Shape Our Decisions*, muitos incidentes de tal comportamento irracional. Um exemplo lida com uma pessoa que estava disposta a fazer uma viagem de 15 minutos para salvar sete dólares em uma caneta que custa US $ 25, mas não dirigiria 15 minutos para salvar os mesmos sete dólares por um terno $ 455.[39]

Nossas aspirações têm crescido junto com os avanços tecnológicos e industriais. Ao longo do tempo, o mundo adotou a "cultura do consumo", também conhecida como "consumismo". Isto implica em aquisição de bens e serviços não para satisfazer as necessidades fundamentais, e para a obtenção de status social. Assim, o produto se tornou um símbolo de sua condição social, e do

---

[38] John Scott, "Rational Choice Theory," from *Understanding Contemporary Society: Theories of The Present*, editado por G. Browning, A. Halcli, e F. Webster. (U.K., Sage Publications, 2000), http://www.soc.iastate.edu/sapp/soc401rationalchoice.pdf

[39] Dan Ariely, *Predictably Irrational: The Hidden Forces That Shape Our Decisions* (NY, HarperCollins Publishers, 2008), 20.

próprio produto e sua usabilidade são de muito pouca importância. Comprar o produto pode muito bem trazer mais prazer ao comprador do que a sua utilização efetiva.

Na moderna sociedade de consumo, a felicidade tornou-se uma função de seu nível de consumo, enquanto que o consumo em si tornou-se o objetivo de nossas vidas. Barbara Kruger, uma artista americana conceitual, eternizou a sociedade de consumo com sua peça no Museu de Arte Moderna — uma sacola de papel de um shopping com as palavras: "eu compro, logo existo" — parafraseando as famosas palavras de Descartes que descrevem a essência do homem: "Penso, logo existo". O homem tornou-se um consumidor compulsivo com um novo passatempo: as compras. Consumo exagerado tornou-se uma cultura, e uma das principais características da sociedade contemporânea.

Quem Lucra com o Excesso de Consumo?

Consumismo é vigorosamente promovido por corporações gigantes, agências de publicidade e os meios de comunicação, o objetivo é vender tantos produtos quanto possível com o único propósito de maximizar seus lucros.

Os sistemas bancário e financeiro voluntariamente financiam os consumidores, fabricantes e anunciantes, dando crédito aparentemente barato, o que perpetua o sistema. O consumismo também cria renda substancial para os orçamentos nacionais, enquanto os países taxam cada elo da cadeia de consumo. Ou seja, mesmo o governo tornou-se um elemento que incentiva o consumo excessivo e aspira aumentá-lo. Ele se engaja nisto por razões econômicas e porque o sentido de abundância e inúmeras opções aumentam a satisfação dos cidadãos com a forma como o governo funciona e assim aumenta suas chances de ser reeleito.

De acordo com Tim Jackson, professor de Desenvolvimento Sustentável da Universidade de Surrey, na Inglaterra, "Esta é uma história sobre nós, as pessoas, sendo persuadidas a gastar o dinheiro que não temos em coisas que não precisamos, para criar impressões que não vão durar em pessoas que não nos importam" [40].

Um bom exemplo disso é os EUA, que "santifica" o consumo privado e cujo sistema é construído para preservar e aumentar o consumo. O consumo privado representa cerca de 70% do PIB. Tornou-se o motor principal do crescimento da economia americana.

Embora o termo "consumismo", possa parecer "limpo", talvez até mesmo desejável para alguns países menos desenvolvidos, é simplesmente um termo elegante para um vício de compras, valores superficiais, imprudência financeira das famílias, e da moral questionável quando se trata de priorizar . Nós esgotamos os recursos naturais, como água e energia, a fim de produzir coisas desnecessárias. Trabalhamos mais horas perseguindo o dinheiro que eventualmente nos compra redundâncias que apenas fornecem a satisfação passageira.

Nós chamamos a nossa vida de trabalho "corrida dos ratos" ou "escravidão moderna". Temos crescido acostumados a se comunicar em nomes de marcas, utilizando-as para transmitir mensagens sobre a nossa condição social e financeira. Quais marcas alguém compra, e como muito delas, tornaram-se os parâmetros que definem um padrão de vida. Nós as usamos para

---

[40] Tim Jackson, "Tim Jackson's economic reality check," *TED, Ideas Worth Spreading* (Outubro de 2010), http://www.ted.com/talks/tim_jackson_s_economic_reality_check.html

aprender sobre os outros — o que eles podem pagar, o que eles gostam, o ambiente social em que eles estão, e assim por diante.

Comprar mais, poupando menos.

Segundo a revista *Global Finance*, "as taxas de poupança das famílias em percentagem do rendimento disponível os EUA caiu de 7,3 em 1992 para meros 1,7 em 2007, no início da crise financeira" [41] As pessoas estão desperdiçando suas economias e até mesmo aumentando suas dívidas para "permanecer no jogo", com o total apoio da indústria da publicidade.

Uma taxa de poupança negativa tem graves repercussões sociais e financeiras. É uma bomba-relógio que vai explodir em tempos de crise, quando a nossa confiança financeira está comprometida. Quando vem um dia chuvoso, muitas vezes nos vemos com pouca ou nenhuma poupança, mas ainda temos que pagar pelo crédito que recebemos para financiar o consumo desnecessário. Quando chega a vez de tal acontecer, as pessoas param o seu consumo excessivo de forma abrupta, levando as empresas a cortar sua força de trabalho. Então, a receita estatal de impostos cai e crise se agrava rapidamente.

A Crise de 2008 Deveu-se ao Consumo Exagerado dos Americanos

Um exemplo clássico de uma explosão de bomba-relógio é a bolha imobiliária que continuamente inflou após o início do século 21. Até 2008, os bancos estavam tentando que as pessoas fizessem empréstimos, mesmo quando elas não tinham dinheiro para pagar. Eles permitiram aos candidatos comprarem casas com financiamento de 100%, criando enormes demandas nos mercados imobiliários.

Mas os bancos fizeram mais do que isso. Eles atraíram compradores de casas para o refinanciamento de suas hipotecas e tomaram ainda mais empréstimos, com as suas casas como garantia. Na época, o valor de mercado crescente das casas ajudou os bancos aumentarem ainda mais o consumo. Enormes quantidades de crédito irresponsável fluíram para os bolsos dos cidadãos americanos, que desperdiçaram mais e mais em bens e serviços, desfrutando de uma sensação irracional de riqueza e felicidade.

Satisfação com esta maneira pródiga de vida tornou-se um modus operandi econômico que foi invejado e copiado em todo o mundo ocidental. Assim, a economia americana se vangloriou do desempenho impressionante nesses anos, devido ao excessivo consumo privado. A sensação de riqueza era real e tangível, mas falsa, a idealização de um modelo econômico que tinha se separado da realidade e dos preços realistas de imóveis e ativos financeiros pessoais.

Quando o processo finalmente esgotou-se, devido a uma combinação de risco de "engenharia financeira" por parte dos bancos e investidores institucionais e a especulação nos mercados financeiros, tudo caiu por terra, arrastando os Estados Unidos e toda a economia mundial à pior crise financeira desde a década de 1930. Na verdade, ainda estamos no meio da crise, agora, no início de 2012.

---

[41] Tina Aridas, "Household Saving Rates," *Global Finance*, http://www.gfmag.com/tools/global-database/economic-data/10396-household-saving-rates.html#axzz1bQlyYiFq

Educação Para o Consumismo Nos Transforma em Compradores Compulsivos

O consumismo tornou-se uma cultura como resultada do tipo de educação que a maioria das pessoas recebe. A educação começa com o exemplo pessoal dos pais, bem como o dos amigos e do ambiente como um todo. Cada um de nós vive em um determinado ambiente e absorve seus valores e conduta. Uma grande parte da nossa educação vem da exposição a comerciais nos meios de comunicação — tanto aparente e oculta — bem como outras manipulações que os anunciantes e fabricantes nos impõem. A forte influência da publicidade nos exorta a alinhar com os valores do consumismo que permeiam a sociedade. Estes valores tornam-se parte da nossa paisagem interna, falsamente definindo nossos níveis de felicidade, sucesso e status social.

Publicidade começou no século 19 e foi drasticamente transformada no século 20. No século 19, a publicidade recorria ao nosso senso de razão, enfatizando as vantagens dos produtos para os potenciais compradores. Mas, no século 20, a publicidade passou de racional a emocional e sensual. Comerciais começaram a vender "uma vida melhor" em vez de promover os próprios produtos. Os comerciais que vemos hoje estão, na verdade, dizendo: "Você pode se sentir mal agora, mas se você comprar o nosso produto, você se sentirá melhor".

Autor e diretor, Dr. Jean Kilbourne, disse no filme, o Anúncio e o Ego, "Anúncios vendem muito mais do que produtos. Eles vendem valores, imagens e conceitos de sucesso e mérito, amor e sexualidade, popularidade e normalidade. Eles nos dizem quem somos e quem devemos ser". Cada dia somos expostos a centenas de comerciais que nos encorajam a consumir mais e mais. Um estudo publicado na revista, *Media Matters*, revela que "o adulto típico de hoje recebe cerca de 600-625 chances de ser expostos a anúncios de uma forma ou outra por dia" [42].

Comerciais nos encorajam a aumentar nossas compras como prova do nosso sucesso, bem como uma maneira que possamos obter felicidade e satisfação. De fato, o consumo passou de fornecernos uma vida razoavelmente confortável para o consumo por causa da obtenção do status social.

Consumo Significa Felicidade - ou Trás Isso?

Imagine o quanto um carro novo te deliciaria. Nós gostamos de examinar as opções — o modelo, a cor, as vantagens e desvantagens, falando com as pessoas sobre isso e lendo sobre isto na Internet. Finalmente, chega o dia e estamos certos de que em poucas horas nós seremos os donos do carro que sonhamos durante meses - ou até anos. Estamos certos de que este carro nos fará felizes por, pelo menos, os próximos dez anos. No entanto, a pesquisa prova o contrário. Em um estudo intitulado "A Previsão Afetiva", Professores Timothy D. Wilson e Daniel T. Gilbert, da Universidade Harvard escreveram que nós temos uma "...tendência a superestimar a duração de futuras reações emocionais" [43] e que nós" não fazemos previsões muito precisas sobre suas reações a eventos futuros".

Em outras palavras, um carro novo não é susceptível de nos fazer felizes para os próximos dez anos. Em vez disso, é bastante provável que, dentro de seis meses, possivelmente menos, ele vai

[42] "Our Rising Ad Dosage: It's Not as Oppressive as Some Think," *Media Matters* (15 de Fevereiro de 2007): 1-2, https://www.mediadynamicsinc.com/UserFiles/File/MM_Archives/Media%20Matters%2021507.pdf
[43] Timothy D. Wilson and Daniel T. Gilbert, "Affective Forecasting," *Advances in Experimental Social Psychology*, vol. 35 (USA, Elsevier Science, 2003): 349, 395, url: http://www.abdn.ac.uk/~psy423/dept/HomePage/Level_3_Social_Psych_files/Wilson%26Gilbert(2003).pdf

se transformar a partir de um sonho tornado realidade em outro pedaço de nossas tristes vidas diárias. E isso vai nos levar para a próxima compra. É um ciclo vicioso frustrante, que o nosso ambiente social incentiva.

Renomado especialista em Psicologia Positiva, Dr. Tal Ben-Shahar, aponta, "O problema é que, quando atingimos a meta que estabelecemos para nós mesmos, a sensação de alegria e satisfação derivada é transitória. Nós experimentamos um aumento no nosso nível de felicidade, mas logo voltamos para o nosso lugar antes de obter o que queríamos só que agora estamos decepcionados, às vezes até mesmo perdidos." [44]

Além disso, de acordo com o Dr. Ben-Shahar, "estamos enganados ao pensar que, se recebêssemos um aumento ou um carro novo seremos mais felizes. Isso nos dá uma sensação de que temos algo a procurar. No entanto, enquanto a ambição e trabalho duro podem atualizar-nos financeiramente, eles não vão conceder-nos a felicidade duradoura. As sensações de satisfação e alegria são transitórias".

O Paradoxo de Easterlin, apresentado no capítulo anterior, é um conceito chave no campo da felicidade econômica. A teoria de Easterlin propõe que para além de certo nível, o crescimento econômico e o aumento da renda média não provocam um aumento médio na felicidade da população. O efeito da renda sobre a nossa felicidade é sentido quando comparamos nossa renda à dos outros.

Excesso de Consumo e a Crise Ecológica

Segundo uma pesquisa de 2011 pelo Departamento de Assuntos Econômicos e Sociais, intitulado "A Grande Transformação Tecnológica Verde" [45] o progresso nos permitiu elevar o padrão de vida da população mundial. No entanto, ao mesmo tempo isto tem prejudicado o meio ambiente. Até o momento, metade das florestas do planeta foi cortada, uma parte substancial da água potável ou foi bombeado para fora ou poluídas, e numerosas espécies de plantas e animais estão extintas. Além disso, o aquecimento global pode causar um aumento de cinco vezes o número de desastres naturais em relação ao ano de 1970.

Um relatório do Instituto de Pesquisa Europa Sustentável (SERI) [46] indica que o consumo irrestrito de recursos naturais como a água, a terra fértil, florestas, petróleo, gás e carvão está a infligir danos ecológicos em proporções catastróficas, a criação de uma mudança drástica no clima da Terra. De acordo com o relatório, "Os seres humanos de hoje extrair e utilizar cerca de 50% mais recursos naturais do que apenas 30 anos atrás, em cerca de 60 bilhões de toneladas de matérias-primas por ano."

---

[44] Tal Ben Shahar, "Our Happiness Scheme is Wrong, and Then Comes Frustration, *Calcalist* (April 17, 2011), http://www.calcalist.co.il/local/articles/0,7340,L-3515186,00.html
[45] *World Economic and Social Survey 2011: The Great Green Technological Transformation, The United Nations Department of Economic and Social Affairs* (Printed at the United Nations, New York, 2011), http://www.un.org/en/development/desa/policy/wess/wess_current/2011wess.pdf
[46] "Overconsumption? Our use of the world's natural resources," *Sustainable Europe Research Institute (SERI)* (September 2009), www.foeeurope.org/publications/2009/Overconsumption_Sep09.pdf

Um relatório do Climate Institute, na Austrália[47] afirma: "A mudança climática terá muitos impactos negativos sobre a saúde dos australianos — riscos físicos, doenças infecciosas, efeitos nocivos relacionados ao calor, segurança alimentar e riscos nutricionais, problemas de saúde mental e de mortes prematuras. O fardo emergente relacionado com os impactos do clima na comunidade moral e saúde mental — perda, depressão, transtornos de estresse pós-evento, e a tragédia da automutilação — é grande, especialmente em zonas rurais vulneráveis. Em todos os sectores da população australiana, a saúde mental... é vulnerável às tensões e perturbações causadas pela mudança climática e seus impactos ambientais e sociais".

Do Consumismo para o Consumo Equilibrado

A solução é clara. Cada um de nós deve suportar uma diminuição no consumo excessivo, que há muito se tornou um aspecto importante de nossas vidas, e da economia global. Em vez disso, devemos incentivar o consumo equilibrado. Como esta transição se desdobra, o consumo privado voltará a níveis mais sustentáveis, substituindo o devorar desenfreado alimentado por comerciais e pressões sociais. Muitos produtos redundantes desaparecerão e o consumo retornará a um foco no uso prático. Ao invés de marcas como símbolos de status social, o grau de sua contribuição para a comunidade e do bem-estar geral determinará sua posição na sociedade. Ao reduzir a demanda, os preços cairão, e vida digna finalmente tornar-se-á acessível para todos.

Consumo equilibrado é uma parte importante da nova economia — uma equilibrada. Ajustando as conexões entre as pessoas à interdependência do mundo global integral alterará todo o sistema econômico, não só o consumo. Esta mudará de uma economia competitiva que está inchada e autocentrada para uma forma equilibrada, estável, funcional e sustentável, tendo características altruístas. Cada sistema será afinado para fornecer para toda a raça humana um nível razoável, não mais, mas também não menos.

Já dissemos que o consumismo tem muitas falhas. As crises recorrentes financeiros e sociais indicam que muito em breve seremos forçados a mudar de nosso padrão atual. Não podemos mais conceder o aumento do consumo indefinidamente, porque nós estamos pagando caro por isso, tentando financiar nossos estilos de vida exigentes. O consumismo que adotamos está causando frustração em curso sem a capacidade de alcançar a satisfação antecipada.

A mudança para o consumo equilibrado irá "acalmar" os nossos sistemas financeiros e sociais e equilibrará o nosso modo de vida. Na verdade,é possível usar as mesmas ferramentas que hoje pregam o consumo excessivo para promover uma abordagem mais equilibrada. Usando os meios de comunicação existentes e sistemas de publicidade, podemos alterar a sociedade e construir juntos um ambiente cujo impacto sobre nós mudará nossas prioridades e os atuais, valores sociais prejudiciais que temos.

---

[47] "A Climate of Suffering: the real costs of living with inaction on climate change," *The Climate Institute* (Melbourne & Sydney, The Climate Institute, 2011), http://www.climateinstitute.org.au/images/reports/tci_aclimateofsuffering_august2011_web.pdf

A Necessidade de um Amplo Consenso Sobre a Natureza da Mudança

A necessária transição de nosso atual consumo excessivo para um equilibrado não pode ser ditada pelas autoridades. Se assim fosse, nós só aspiraríamos voltar para o presente sistema o mais rapidamente possível. Somente se a transição para o consumo equilibrado for acompanhada por uma mudança conceitual em toda a sociedade, por meio de esforços de educação extensiva e apoio do ambiente social é que compreenderemos que a mudança é para o nosso benefício. Depois de um curto período de adaptação, sentiremos isso também.

No mundo global, conectado onde todos dependem de todos os outros, não pode haver uma discrepância contínua entre nossas atuais conexões egoístas, competitivas, e manipuladoras e as leis do novo sistema. No novo mundo, não há lugar para a desconsideração, a falta de preocupação, e ausência de responsabilidade mútua. As novas ligações obrigatórias entre nós ajudar-nos-ão a mudar os sistemas inteiros econômicos e comerciais. Por exemplo, os produtores vão parar de criar produtos desnecessários, e não nos falarão para comprar alimentos pouco saudáveis só porque é rentável. Em uma economia que reflete o valor de responsabilidade mútua entre as pessoas, o consumo privado irá recuperar sua sanidade.

Isso não quer dizer que voltaremos à era pré-industrial revolução, ou que este processo está a ser imposto aos cidadãos pelo governo. Pelo contrário, este será um processo natural que a própria vida exige, um processo de recuperar a normalidade de um consumismo fora de controle a um consumo que coincide com as conexões entre nós em um mundo globalizado e interconectado.

As Vantagens do Consumo Equilibrado

Junto com a transição para o consumo equilibrado sob a égide da responsabilidade mútua, os inúmeros problemas resultantes do consumo excessivo elaborados anteriormente serão resolvidos. Além disso, vamos descobrir as vantagens da responsabilidade mútua:

1) Saúde Melhor

A maioria dos produtos alimentares que vemos atualmente em comerciais não contribui para a nossa saúde. Segundo a Organização Mundial de Saúde (OMS),[48] em 1980, 1,5 bilhões de adultos sofreram de excesso de peso. Até 2010, esse número dobrou. Além disso, quase 43 milhões de crianças no mundo sofrem de obesidade, agora em quinto lugar na lista de doenças fatais.

Um grupo de psicólogos britânicos examinou 281 crianças com idades entre 6-13,[49] mostrando-lhes um comercial de um brinquedo e um comercial de um determinado produto alimentar. Em seguida, eles pediram às crianças para nomear seus alimentos favoritos. A maioria das crianças escolheu os alimentos que continham mais gorduras e carboidratos depois de assistir ao comercial de alimentos do que depois de assistir ao comercial de um brinquedo.

---

[48] "Obesity and overweight, Fact Sheet no. 311, *World Health Organization*, updated March 2011, http://www.who.int/mediacentre/factsheets/fs311/en/

[49] Emma J. Boyland, PhD, Joanne A. Harrold, PhD, Tim C. Kirkham, PhD, Catherine Corker, BSc, Jenna Cuddy, Sca, Deborah Evans, BSc, Terence M. Dovey, PhD, Clare L. Lawton, PhD, John E. Blundell, PhD, and Jason C. G. Halford, PhD, "Food Commercials Increase Preference for Energy-Dense Foods, Particularly in Children Who Watch More Television," *Pediatrics* (March 9, 2011), http://pediatrics.aappublications.org/content/128/1/e93

A Academia Americana de Pediatria publicou uma Declaração de Política[50] em relação a assistir TV e obesidade entre crianças e jovens. Os pediatras pediram a proibição de comerciais de comida pronta em programas de TV voltados para crianças.

2) Melhorar a Situação Ecológica e o Estado dos Recursos Naturais

Reduzir o consumo e a produção de produtos redundantes contribuirá para uma melhoria significativa em nosso ambiente, reduzindo a poluição do ar e da água e reduzir a quantidade de resíduos e aproveitamento dos recursos naturais e energia.

Tendemos tratar o gás, óleo, carvão e outros recursos como se eles estarão sempre aqui. Mas seremos capazes de usar esses recursos sem qualquer prestação de contas no futuro? Segundo dados do www.worldometers.info, no ritmo atual de consumo estaremos completamente sem óleo até por cerca de 2050, assumindo que não aumentaremos o nosso consumo ainda mais do que o de hoje!

Ao mudar para o consumo equilibrado, seremos capazes de manter um estilo de vida decente, nossa atividade industrial voltará ao seu tamanho natural, e pararemos de produzir produtos desnecessários. Quando isso acontecer, teremos atingido o equilíbrio e a harmonia, primeiro entre nós e, em seguida, entre a Terra e nós. Responsabilidade mútua como um tratado econômico, portanto, traz benefícios significativos para a raça humana, tanto como uma solução para a crise mundial e como um trampolim para desviar da crescente crise ecológica.

3) Diminuição do Custo de Vida

Publicidade ocupa uma parte substancial do custo de um produto. Voltando para o consumo equilibrado reduzirá a demanda por muitos produtos e marcas. Consequentemente, alguns deles desaparecerão e outros se tornarão mais acessíveis. A indústria da publicidade se encolherá ao tamanho natural, e se usarmos a publicidade e as influências ambientais sabiamente, seremos capazes de reduzir o custo dos produtos de forma significativa.

Além disso, em um ambiente de responsabilidade mútua, os produtores e importadores aceitarão uma margem de lucro mais razoável e não mais procurarão lucrar à custa dos consumidores. Assim, os preços dos produtos e serviços irão diminuir para apenas acima do seu custo de produção.

Aliás, não há necessidade de se preocupar com a indústria da publicidade. Ela servirá como um meio fundamental para transmitir mensagens educativas e de construir um ambiente de apoio para o valor de responsabilidade mútua.

4) Mais de Lazer

Assim que pararmos de perseguir o consumo desenfreado, seremos capazes de encurtar o nosso dia de trabalho e dar tempo para o que realmente importa: a nossa família e conexões sociais, aprendendo habilidades de vida diferentes, e geralmente apreciando nossas vidas. O ambiente que

---

[50] "Policy Statement—Children, Adolescents, Obesity, and the Media, *Pediatrics* 2011;128;201; originally published online June 27, 2011; DOI: 10.1542/peds.2011-1066, now available at http://pediatrics.aappublications.org/content/128/1/201.full.html

vamos projetar por meio da mídia explicar-nos-á como viver, criar os filhos, e função no novo mundo de uma forma que percebe o potencial pessoal e social dentro de cada um de nós.

5) Melhoria Laços de Família

Quando tivermos mais tempo livre, seremos capazes de dedicar mais tempo para estar com a família e amigos, em vez de trabalhar 10-12 horas por dia. Além disso, a mudança de valores na sociedade impedirá argumentos frequentes com crianças que exigem que se comprem para eles marcas mais novas que eles veem em comerciais ou nas mãos de seus amigos.

Uma Mudança Por Meio da Educação, Informação e da Influência do Ambiente.

Para aquele que é nascido em um ambiente orientado ao consumidor, uma mudança para uma sociedade equilibrada, a cessação da produção de produtos redundantes e de uma renúncia às compras como o passatempo favorito pode ser visto como uma previsão sombria, como regressões econômicas e culturais. Os economistas podem argumentar que o PIB mundial cairá e com ele a capacidade dos governos de cuidar das necessidades dos seus cidadãos.

No entanto, com a ajuda de uma ampla estrutura de ensino, incluindo a divulgação de informação e a criação de um ambiente de apoio de mudança, aprenderemos as novas regras do jogo no mundo global e integral. Finalmente, entenderemos que o abandono do consumo excessivo em favor de uma versão equilibrada não é apenas um processo imperativo, mas um irreversível. Fechando a lacuna entre a maneira como vivemos e da dependência entre todos nós no novo mundo terá muitos efeitos positivos sociais e econômicos. O método atual entrou em colapso, e da crise global é a prova indiscutível disso. E, finalmente, um mundo novo e equilibrado está se erguendo.

Benefícios da Nova Economia

A economia equilibrada não só é obrigatória na realidade global e integral, ela também beneficia a todos nós.

Pontos-chave

Uma economia baseada em princípios de responsabilidade mútua é congruente com as leis do sistema global integral, e será, portanto, estável e melhor proverá nossas necessidades razoáveis de subsistência. Ele também nos permitirá fazer a hora de realizarmos os nossos potenciais pessoais e sociais.

Uma economia sob a égide da responsabilidade mútua tem muitas vantagens sociais e econômicas, como um nível de vida equitativo para todos, redução do custo de vida, transparência, um grande "bolo econômico", e uma dramática redução de lacunas e desigualdade econômica.

A transição de competitivo de hoje, economia autocentrada, para uma equilibrada, funcional revelará muitos excedentes em dinheiro, bens e recursos que poderão ser utilizados para o benefício público.

A transição para uma economia baseada em responsabilidade mútua será gradual, mas desde o seu início uma dinâmica positiva de mudança e esperança será criada — um novo espírito, um sentimento de coesão e confiança pessoal.

Uma crescente crise na Europa e nos Estados Unidos

A crise econômica global está rapidamente piorando. Os Estados Unidos sofreram seu primeiro rebaixamento em sua classificação de crédito, e a Zona Euro está ameaçando desabar completamente, ou alternadamente, encara insolvência da dívida soberana, o que haveria de abalar os mercados financeiros em todo o mundo. Ao mesmo tempo, os líderes economistas estão fazendo declarações de pressentimento, como Nouriel Roubini, "há uma probabilidade significativa... que ao longo dos próximos 12 meses, haverá uma nova recessão na maioria das economias avançadas" [51] Joseph E. Stiglitz, "De certa forma, não só há uma crise na nossa economia, deveria haver uma crise na economia." [52]

A interdependência econômica entre os países torna impossível para eles se isolar e resolver os seus problemas separadamente. Um exemplo disso é a tentativa da zona do euro para salvar a vacilante economia grega. O ministro das Finanças polaco, Jacek Rostowski, falando perante o Parlamento Europeu, alertou que "a Europa está em perigo, bem como a repartição da zona do euro levaria a uma reação em cadeia que leva à dissolução da União Europeia (UE) e, finalmente, o retorno da guerra na Europa." [53] Além disso, a chanceler alemã, Angela Merkel, afirmou que "os líderes região do Euro devem erguer uma barreira em torno da Grécia para evitar uma cascata de ataques de mercado em outros países europeus." [54]

Naturalmente, os investidores estão preocupados com o futuro da economia mundial. Durante conversas de fim de semana dos tomadores de decisão políticos, investidores e banqueiros em Washington, Mohamed A. El-Erian, CEO da PIMCO, o maior investidor do mundo vínculo, previu, "Economias irão parar durante o próximo ano enquanto a Europa se escorrega para uma recessão" [55]

---

[51] Nouriel Roubini, "ROUBINI: Ignore The Recent Economic Data — There's Still More Than A 50% Chance Of Recession," *Bussiness Insider* (October 25, 2011), http://articles.businessinsider.com/2011-10-25/markets/30318837_1_double-dip-recession-eurozone-ecri

[52] "Short films from the 2011 Lindau Nobel Laureate Meeting in Economic Sciences," *The New Palgrave Dictionary of Economics Online*, http://www.dictionaryofeconomics.com/resources/news_lindau_meeting (the above-mentioned statement is in Stiglitz's video after 10:05 minutes.

[53] Amiel Ungar, "Polish Finance Minister Warns of War if EU Collapses," *Arutz Sheva* (September 16, 2011), http://www.israelnationalnews.com/News/News.aspx/147945#.TrUbyPSArqE

[54] Sebastian Boyd, "Chilean Peso Advances After Merkel Urges Firewall Around Greece," *Bloomberg* (September 26, 2011), http://www.businessweek.com/news/2011-09-26/chilean-peso-advances-after-merkel-urges-firewall-around-greece.html

[55] Simon Kennedy, Rich Miller and Gabi Thesing, "Pimco sees Europe sliding into recession," *Financial Post* (September 26, 2011), http://business.financialpost.com/2011/09/26/pimco-sees-europe-sliding-into-recession/

No mesmo evento, o ex-secretário do Tesouro dos EUA, Lawrence Summers, disse que tem 20 anos de encontros de Fundo Monetário Internacional (FMI), e "Não houve uma reunião prévia em que as questões foram mais gravidade, e em que eu estivera mais preocupado com o futuro da economia global".

O desemprego na Europa e nos Estados Unidos está em alta e crescente. Por exemplo, a taxa de desemprego da Espanha aumentou rapidamente para uma nova alta da Zona Euro de 21,3 por cento no primeiro trimestre do ano, com um recorde de 4,9 milhões de pessoas sem trabalho."[56]

A Economia Precisa de Uma Reforma

O fracasso em resolver a crise global que começou em 2008, confunde os economistas mais proeminentes e expõe as limitações dos atuais paradigmas econômicos. A política monetária expansiva foi feita para reverter o declínio e gradualmente curar a economia mundial, mas o inverso parece ter acontecido. Parece que a "caixa de ferramentas" econômica nas mãos dos tomadores de decisão tratou somente os sintomas da crise, em vez de a própria crise.

Os cortes da taxa de juros, a expansão dos orçamentos — destinada a impulsionar a indústria e comércio — cortes de impostos, reformas nas finanças, a interferência dos bancos centrais nos mercados de obrigações e moeda todas fracassaram em revigorar a economia estagnada.

Para resolver a crise, é preciso primeiro diagnosticar a raiz do problema e adotar uma solução que a corrija. Tratar apenas os sintomas não resolver a crise em si, como seu recente ressurgimento indica.

Em seu coração, a economia é uma expressão de como nos relacionamos uns com os outros. Na economia atual, a nossa principal motivação é maximizar nossos lucros em um ambiente competitivo que perpetua em nós o sentimento de falta. Isso resulta em um jogo de soma zero, onde o ganho de um vem em detrimento do outro.

A solução para a crise econômica nos obriga a primeiro mudar nossos relacionamentos naqueles baseados em responsabilidade mútua. Tal mudança só será possível por meio da criação de um ambiente de apoio, incluindo sistemas de informação que nos educa sobre esta mudança. Estes incluem o uso dos meios de comunicação, bem como os sistemas de educação de jovens e adultos. O quadro educacional irá endossar valores como a solidariedade, a colaboração, a empatia, o cuidado com os outros, e a responsabilidade mútua.

Ciências sociais fornecem uma ampla prova de como o ambiente influencia as pessoas[57]. Por isso, temos de construir uma sociedade que nos ensina a pensar de forma diferente e adotar valores pró-sociais.

---

[56] United States Department of Labor, Bureau of Labor Statistics, www.bls.gov/news.release/empsit.nr0.htm

[57] Talvez os exemplos mais notáveis são os estudos publicados no livro, *Connected: The Surprising Power of Our Social Networks and How They Shape Our Lives—How Your Friends' Friends' Friends Affect Everything You Feel, Think, and Do*, pelo Dr. Nicholas A. Christakis e o Prof. James Fowler:

- Christakis, N. A.; Fowler, JH (22 May 2008). "The Collective Dynamics of Smoking in a Large Social Network" (PDF). *New England Journal of Medicine* 358 (21): 2249–2258.

Hoje, a sociedade nos recompensa com dinheiro, poder e glória. Essas recompensas criam concorrência e induzem agressividade enquanto cada um de nós tenta explorar ou manipular os outros a nível pessoal, de empresa, nacional ou internacional. Se as recompensas tiverem mudado e, em vez disso, incentivado responsabilidade mútua, a mudança seria fácil de fazer e teria amplo apoio público. Este é o poder do ambiente de influenciar nosso comportamento.

Em primeiro lugar: Apagar o Incêndio

Primeiro, temos que apagar os incêndios e lidar com as questões mais prementes que enfrentamos. Para fazer isso, precisamos nos unir, deliberadamente em um formato de mesa-redonda e discutir, como uma família faria, como podemos ajudar aqueles entre nós que estão em necessidade desesperada, vivendo abaixo da linha de pobreza. Sem uma solução para esses problemas que todos nós podemos concordar, não podemos fazer qualquer progresso.

Acordo é uma condição de formar a responsabilidade mútua entre nós. Concordar com responsabilidade mútua permitirá mais a sorte de fazer as concessões necessárias para ajudar os outros e criar as alterações econômicas que completamente lidar com os desafios da pobreza. Parte do financiamento para consertar o desequilíbrio virá do orçamento do Estado, refletindo a mudança de prioridades socioeconômicas. No entanto, a maior parte do dinheiro virá de fontes novas criadas pela transição do consumismo excessivo ao consumo razoável. Essa transição vai refletir a mudança de uma economia individualista, competitiva para um, de colaboração harmoniosa que está em sincronia com as leis do mundo, global integral.

Ao mesmo tempo, temos de adquirir habilidades básicas de vida e iniciar a educação do consumidor para nos qualificar para buscar uma forma, independente equilibrada de viver no novo mundo. Combinando soluções imediatas econômicas e financeiras com a educação do consumidor adequada irá atuar como "CPR" para as pessoas de baixa renda na sociedade. Ele também irá forjar a base comum necessária à adoção de responsabilidade mútua como um tratado social e econômico, amarrando todos nós juntos, em sincronia com as leis do mundo global integral.

Rumo a uma Nova Economia, sob a égide de Responsabilidade mútua.

É fácil para descrever o sistema melhorado socioeconômico no final do processo de transformação, para a qual esta crise é desenho nos. A inadequação dos atuais sistemas econômicos na rede global e a crescente interdependência pessoal e política são os verdadeiros motivos para a escalada da crise global. Quando os tomadores de decisão e os principais economistas entenderem que essas são as questões essenciais, a solução torna-se óbvia, embora ainda precisássemos mudar nossas relações com os de responsabilidade mútua. Uma vez realizado, podemos passar para uma nova economia que reflete essa mudança de ideias e valores no mundo.

Sob a égide da responsabilidade mútua, a economia e a sociedade humana vão estar em harmonia com a rede global de conexões. Em vez de "navegar contra o vento", desperdício de energia e recursos tentando manter um método não econômico, uma nova economia vai surgir equilibrada

- Christakis, N. A.; Fowler, JH (26 de Julho de 2007). "The Spread of Obesity in a Large Social Network Over 32 Years" (PDF). *New England Journal of Medicine* 357 (4): 370–379
- Fowler, J. H.; Christakis, N. A (3 de Janeiro de 2009). "Dynamic Spread of Happiness in a Large Social Network: Longitudinal Analysis Over 20 Years in the Framingham Heart Study" (PDF). *British Medical Journal* 337 (768): a2338.doi:10.1136/bmj.a2338. PMC 2600606. PMID 19056788.
- Christakis, N. A.; Fowler, JH (26 de Julho de 2007). "The Spread of Obesity in a Large Social Network Over 32 Years" (PDF). *New England Journal of Medicine* 357 (4): 370–379

e estável, contando com a coesão social sólida em todos os níveis, a cooperação internacional expansiva, o consumo equilibrado e mercados financeiros estáveis. Completamente diferente dos mercados financeiros atuais, que produzem bolhas destrutivas a cada 5-7 anos.

Os Benefícios da Economia de Responsabilidade Mútua

Há muitos benefícios para uma economia baseada na responsabilidade mútua. Ao tentar agarrar-se ao modelo econômico falho existente e aliviar os problemas imediatos após a crise financeira, estamos tornando mais difícil apreciar o vasto potencial da economia de responsabilidade mútua. Se imaginarmos que já estamos em um estado de responsabilidade mútua, seremos capazes de ver as suas muitas vantagens:

1) Um padrão justo e correto de vida para todos: Uma política econômica baseada na consideração mútua nos ajudará a alocar os recursos públicos necessários para elevar as classes mais baixas acima da linha de pobreza. Ao mesmo tempo, oficinas, treinamento de habilidades para a vida e a ciência do consumo irão ajudar as pessoas a desenvolverem sua a independência financeira. Viver além dos nossos meios e excesso de consumo tornaram-se um passivo global que requer correção.

2) Reduzir o custo de vida: Quando a ganância não é mais a base de nossas relações econômicas, quando cada um de nós se contenta com um lucro razoável e não aspira a maximizar o lucro, em detrimento de outros, os preços dos produtos e serviços cairão para perto de custo de produção. Hoje, os preços de muitos bens e serviços são muito altos porque cada elo da cadeia comercial se esforça para maximizar o seu lucro. Exaltando o valor de responsabilidade mútua em redes de comunicação e no discurso público fará com que as empresas adicionem o benefício público em suas equações. Isso vai tornar a vida mais acessível para todos nós.

Os primeiros sinais de um movimento de redução de custos já estão surgindo. Agitação social está realmente fazendo com que os fabricantes baixem os preços dos produtos e serviços. Por enquanto, são variáveis ocasionais, não tão significativas, como dar descontos, mas a tendência é clara. Quando nós mudamos para um padrão de consumo relativamente equilibrado, tanto a demanda quanto os preços descem.

Além disso, diminuir o custo de vida vai diminuir a desigualdade e as lacunas sociais, uma das principais vantagens da economia de responsabilidade mútua.

3) Diminuir as desigualdades sociais: Um dos males principais da atual economia global é um constante aumento na desigualdade. Este é o principal iniciador da inquietação mundial que exige justiça social. Quando tratamos uns aos outros como se fossemos umafamília, não toleramos a desigualdade de oportunidades ou de condições entre nós ou em qualquer lugar do mundo. Em vez de agitação e medo da revolução e da violência, a economia de responsabilidade mútua trará consentimento amplo como diferenças econômicas são diminuídas, e a estabilidade do sistema é reforçada.

Diminuir os meios de desigualdade, entre outras coisas as concessões econômicas e sociais por parte dos assalariados de renda superiores. A educação, a influência do meio ambiente, e um mecanismo eficaz de comunicação, tais como a mesa-redonda dará a certeza de que todas as decisões são tomadas com transparência e imparcialidade, e refletem o consenso social e econômico fundamental para responsabilidade mútua. Em troca de suas concessões para o bem comum, os cidadãos serão premiados com apreciação pública por suas contribuições. Além disso, aqueles que recebem assistência e recursos serão capazes de desfrutar de uma vida melhor, mais digna. Eles também irão apreciar o novo método.

4) Uma genuína e aprofundada reforma do orçamento: A única coisa que pode criar um senso de justiça social e de responsabilidade mútua para cada indivíduo na sociedade é a crença de que estamos todos no mesmo barco, e devemos trabalhar juntos. Isso vai exigir um método mais justo de priorizar no orçamento nacional, por consenso amplo, e não através das disputas de lobistas e grupos de pressão.

Uma economia gerenciada com transparência vai permitir que todos possam entender como as decisões são tomadas, e até mesmo ajudar as pessoas a influencia-las Quando sentimos um sentimento de parceria e envolvimento, já não sentimos emoções negativas, como a frustração que existe atualmente direção aos políticos. Esta diminuição da negatividade irá permitir que as pessoas a concordar e apoiar as decisões tomadas pelos políticos, mesmo quando algumas de suas escolhas não são populares. A satisfação de agir como uma família que toma decisões em uma mesa-redonda vai nos encorajar a fazer concessões para os outros.

5) Aumentando o "bolo" financeiro: Se cada cidadão, setor privado e governamental se sentir parte da família global, muitos extras aparecerão em dinheiro, bens e serviços do Estado, e os orçamentos municipais, e até mesmo em nossos orçamentos pessoais. Considere quantas coisas temos em casa, que nunca usamos. Podemos levar nosso excedentes alimentares e roupas, dar aos pobres, e colocar os extras financeiros para cobrir uma parte significativa das necessidades atuais de outros. Isso não vai mesmo exigir um aumento do déficit orçamental, ou impor meios de austeridade ou impostos.

No entanto, não estamos sugerindo a caridade como uma solução, embora a caridade seja uma grande expressão de uma vida comunitária sólida e assistência mútua. Em vez disso, estamos falando de eficácia. Por exemplo, de acordo com uma reportagem da CNN, 30% de todos os alimentos produzidos no mundo a cada ano é desperdiçado ou perdido. Isto é, cerca de 1,3 bilhões de toneladas, de acordo com um relatório da ONU sobre a Organização da Alimentação e Agricultura.[58]

Por que não podem os países onde a fome é um problema real receber esse excedente? A resposta, em uma palavra, é "interesses". Distribuir a comida excedente significa aumentar a oferta, o que levaria a preços a caírem. Este, por sua vez, diminuiria os lucros dos produtores de alimentos e comerciantes. Em uma economia baseada na

---

[58] Ramy Inocencio, "World wastes 30% of all food," *CNN Business 360* (May 13, 2011), http://business.blogs.cnn.com/2011/05/13/30-of-all-worlds-food-goes-to-waste/

responsabilidade mútua, tal situação seria impossível. Como podemos jogar fora o alimento quando membros de nossa família estão passando fome? Este é apenas um exemplo. Para mais exemplos dos benefícios da economia da responsabilidade mútua, ver capítulo, "Excedente e melhorar bem-estar público".

6) Melhorar relações entre empregador-empregado e entre empresa-governo:
Pesquisa em psicologia comportamental indica que as pessoas ricas buscam respeito, não o dinheiro. No entanto, hoje as empresas e CEOs são avaliados com base em seus lucros e ganhos. Maior lucro significa uma classificação mais elevada em empresas , classificação ou aparecimento na lista dos "CEOs mais bem sucedidas do ano." Possivelmente o melhor exemplo disso, que estreita o pensamento egocêntrico da maximização dos lucros é o mercado de trabalho dos EUA. A razão pela qual o mercado de trabalho norte-americano não está acrescentando mais postos de trabalho, mesmo quando a economia cresce, é que as empresas preferem aumentar horas extras dos seus trabalhadores, ou deslocar trabalhadores a tempo parcial para trabalhar em tempo integral, em vez de contratar novas pessoas.
Hoje em dia, tais considerações são consideradas lógicas. Mas em uma economia conduzida pela responsabilidade mútua, os valores serão tais que mais pessoas serão capazes de compartilhar a prosperidade da economia, em vez de menos pessoas compartilhando mais dos lucros. Melhorias semelhantes serão feitas na relação das empresas com o governo e as autoridades fiscais, levando a taxas a valores mais justos e a diminuição de evasões fiscais.

7) Soluções de estabilidade em longo prazo: A nova economia será baseada nos valores da responsabilidade mútua, e, será necessário ser consistente com a interdependência global atual. Tal método econômico, em harmonia e equilíbrio com a rede global e integral, será mais estável e sustentável do que todos os métodos econômicos e sociais existentes. Seria corresponde ao seu ambiente e refletiria um amplo consenso entre os seus elementos: pessoas, empresas e estado. Uma economia equilibrada, que é amigável em relação homem e natureza permitiria cada pessoa viver com dignidade, para sentir que o sistema foi pessoalmente "amigável", e para receber o sustento suficiente, juntamente com a oportunidade de retribuir, contribuindo para o sistema.

8) Certeza: A transição para a nova economia será gradual. Primeiro, haverá dinâmica de mudança e esperança, um novo espírito na sociedade, um sentimento de coesão e segurança pessoal. O temor atual de ser explorado vai abrir caminho para concessões e gestos de generosidade em diversas áreas, tais como os preços da habitação mais acessível, contratos de trabalho que não exploram os trabalhadores, uma simples burocracia que verdadeiramente serve ao interesse público, bancos justos, e prestadores de serviços que fornecem o serviço pretendido a um preço sensato. Em suma, as pessoas vão se sentir confiante em suas inter-relações, um sentimento tão necessário nestes tempos incertos, e que o dinheiro realmente não pode comprar.

9) A verdadeira felicidade: A nova economia vai criar em nós um sentimento de realização que não pode ser medido com o dinheiro. Conforme descrito no capítulo, "Estudos desafiam a noção de que o dinheiro significa Felicidade", além de certo nível de renda, o dinheiro adicional não melhora a própria sensação. Em vez disso, as pessoas ficam satisfeitas com relacionamentos bem sucedidos, a partir de um sentimento de confiança e realização pessoal. A nova economia e os seus benefícios não são transitórios, mas são sólidos e estáveis, porque eles estão em sincronia com as leis de responsabilidade mútua. Eles permitem um processo de tomada de decisão com base em um amplo consenso.

10) Um processo de tomada de decisão aplicável: Como a nova economia será conduzida com transparência, todo mundo vai ver como as decisões são tomadas e será capaz de influenciá-los. Esta é a única maneira de estabelecer um processo de tomada de decisão prática que vai fazer as pessoas sentir que as decisões são ambas justas e imparciais, obtidas após análise exaustiva das necessidades de todos. Isso também irá aumentar a estabilidade do sistema socioeconômico.

11) A estabilidade econômica e financeira: Os mercados financeiros mudaram a partir de um ponto de encontro para empresas e investidores em um campo de batalha de jogadores globais agressivos, com potência suficiente para sacudir e agitar mercado global em busca de "um dinheirinho extra", independentemente da solidez do sistema. Uma economia de responsabilidade mútua vai permitir aos mercados financeiros recuperarem suas funções originais sem repetidamente cair bolhas financeiras que levarem a um desastre na economia real a cada vez que estouram.

12) O consumo equilibrado: A busca do consumo excessivo há muito se tornou elemento chave em nossas vidas e na economia mundial. Na economia de responsabilidade mútua, isto irá gradualmente abrir caminho para o consumo equilibrado. Na verdade, o processo já começou, graças à atual crise e a transição gradual de uma economia competitiva, esbanjadora, e desigual para uma economia equilibrada, funcional, cujo objetivo é prover as necessidades básicas de todos. Comerciais e outras formas de pressão social para nos convencer a comprar produtos e serviços redundantes desaparecerão, assim como várias marcas e produtos supérfluos. Em vez disso, o desejo de contribuir para a sociedade e participar na vida da comunidade para o bem comum irá substituí-los com orgulho e alegria.

Além disso, por causa da diminuição da procura, os preços vão cair, e uma vida razoável e digna se tornará acessível a todos. As empresas vão produzir apenas o que é realmente necessário para que possamos levar uma vida confortável e equilibrada, como descrito no capítulo, "Rumo Consumismo Equilibrado na Nova Economia".

13) Equilíbrio e harmonia global: A transição do consumo excessivo para compras equilibradas irá revelar que a Terra contém recursos suficientes para sustentar todos nós confortavelmente por muitos anos. A exploração dos recursos naturais vai parar, e vamos descobrir as magníficas habilidades da Terra para seu rejuvenescimento.

A estabilidade da economia de responsabilidade mútua é baseada em uma forte coesão social e preocupação mútua. Essa estabilidade requer que nós entendamos que, numa era de globalização, a nossa interdependência obriga-nos a adaptar nossas conexões e os nossos sistemas sociais e econômicos em um sistema único e harmonioso. Ele irá fornecer para as necessidades de toda a humanidade, apoiar e incentivar as necessidades de todos para perceber o grande potencial dentro delas.

Plano de Emergência para o desemprego
O tratamento adequado do desemprego pode se tornar um trampolim para o progresso pessoal e nacional pessoal e nacional

Pontos Chave
• Na sociedade moderna, o trabalho tornou-se o centro de nossas vidas. Parâmetros relacionados com o trabalho determinam nosso status social.
• A crise econômica causa o desemprego elevado na Europa e nos os EUA, mas deve aumentar ainda mais. As estatísticas que nos são dadas não são precisas, o desemprego é mais elevado do que o informado.
• A transição necessária de uma economia competitiva e hiperativa para uma economia equilibrada, funcional será seguida por uma contração dramática nos setores de serviços, venda ao público e indústria. Milhões de trabalhadores deverão ser expulsos do mercado de trabalho. As taxas de inflação vão subir mais que dois dígitos.
• Em uma economia equilibrada, 20% da população pode fornecer o sustento de toda a humanidade.
• O crescimento da taxa de desemprego é uma bomba-relógio socioeconômica que ameaça a estabilidade dos governos e todo o sistema internacional.
• Como parte de um mecanismo de emergência nacional, um sistema de educação deve ser criado no qual os desempregados serão admitidos. Estudar neste sistema valerá como um trabalho pelo qual o governo possa concede uma "bolsa de sustento" adaptada às necessidades pessoais de cada aluno, enquanto continuam a estudar neste sistema.
• Os temas a serem ensinados neste sistema irão incluir finanças pessoais, habilidades de vida necessárias à nova realidade, as leis do mundo global integral e seu efeito em nossas vidas, na sociedade e na economia e as vantagens da responsabilidade mútua como um modo de vida.
• O programa irá desarmar a bomba-relógio e permitirá que os governos realizem a transição necessária para responsabilidade mútua e uma economia equilibrada e sustentável.

A Vida é Somente sobre Trabalho?

Nos últimos 200 anos, o trabalho tornou-se mais do que uma maneira de prover sustento, educar os filhos, e poupar para a velhice. Nossos trabalhos, posições e rendimentos tornaram-se elementos-chave na autoestima de muitos de nós, bem como a forma como são percebidos pela sociedade. Frequentemente, o trabalho é também uma estrutura social, uma indicação de nosso sucesso pessoal, e o valor seminal pelo que somos levados a partir de uma idade precoce. Uma das perguntas mais comuns feitas a uma criança é: "O que você quer ser quando crescer?" Invariavelmente, a resposta envolve uma ocupação. Mas por que é que as crianças limitam suas respostas ao emprego de seus sonhos? Está trabalhando ou nisso ou aquilo, ou ter esta ou aquela profissão seria a altura de nossas aspirações?

Parece que sim atualmente. Mas não foi sempre assim. Até recentemente, o trabalho era apenas uma maneira de ganhar a vida e prover as necessidades. No entanto, a Revolução Industrial fez o trabalho o centro de nossas vidas, e o processo continuou a acelerar à medida que o capitalismo se expandiu e evoluiu. Junto com a importância do trabalho em nossas vidas, o stress do trabalho se tornou um fenômeno antecipado. Parece ser um ciclo em que se ganha mais, mas também estamos mais emocionalmente ligados aos nossos próprios empregos, o que percebemos como a chave para a nossa autoestima.
Se perdermos o nosso trabalho, tentamos fazer tudo o que pudermos para chegar rapidamente de volta ao mercado de trabalho. Por quê? Parece ser mais do que apenas o dinheiro. Aparentemente, a verdadeira questão é que o desemprego é equivalente a ser um fracassado.
O significado do nosso trabalho para melhorar a nossa autoestima, e para obter a apreciação social e familiar que pode nos oferecer esta fazendo o desemprego um fenômeno destrutivo. Quando uma pessoa fica desempregada, perde não apenas um trabalho, mas a autoestima e seu status social.

O impacto da crise econômica sobre o mercado de trabalho

Um dos problemas mais significativos resultantes da crise global é o aumento do desemprego, devido à baixa demanda: uma queda do consumo privado, fechamento de fábricas e cortes de pessoal por parte dos empregadores. Tudo isso tem um efeito imediato no mercado de trabalho. Não é só o número de desempregados que aumenta, mas assim a diminuição do número de empregos disponíveis. Dito de outro modo, uma vez que um trabalhador é demitido, é mais difícil encontrar um novo emprego, o que prolonga o período de desemprego. Alguns dos desempregados são completamente eliminados do mercado de trabalho e param de procurar trabalho completamente porque eles já perderam a esperança de encontrar um emprego.

Em 26 de setembro de 2011, os chefes da Organização para a Cooperação e Desenvolvimento Econômico (OCDE) e da Organização Internacional do Trabalho (OIT) publicaram uma declaração conjunta na qual expressaram a preocupação com a gravidade da crise do emprego, onde "200 milhões de pessoas estão sem trabalho em todo o mundo." Eles também advertiram que "o déficit de emprego [na Europa] pode aumentar [de 20 milhões] para até 40 milhões até o final de 2012."

Nos EUA, a taxa de desemprego só recentemente caiu abaixo dos 9%, mas ainda é muito alta. 1 Na Europa, e especialmente entre os países PIIGS (Portugal, Itália, Irlanda, Grécia e Espanha), o desemprego está em seu pico e em dígitos duplos, com exceção da Itália. O desemprego está pior entre os jovens. De acordo com um relatório da OIT, intitulado Relatório de Trabalho do Mundo de 2011: fazer funcionar os mercados de Jobs, "Entre os países com dados disponíveis, mais de um em cada cinco jovens, ou seja, 20 por cento estavam desempregados, no primeiro trimestre de 2011." 2 De acordo com as estatísticas de desemprego do Eurostat, o desemprego juvenil está aumentando perigosamente, com taxas de 21,4% na área do euro, sendo a mais elevada em Espanha (48,9%) e na Grécia (45,1%). [59]

Este relatório também enfatiza que o estado do mercado de trabalho representa um risco iminente para a estabilidade política e social de muitos países ao redor do mundo. "Como a recuperação não caminha, o descontentamento social está se tornando mais comum"... Em 40 por cento dos 119 países para os quais as estimativas poderiam ser realizadas, o risco de instabilidade social aumentou significativamente desde 2010. Da mesma forma, 58 por cento dos países mostram um aumento no percentual de pessoas que relatam uma piora do nível de vida. E a confiança na capacidade dos governos nacionais para resolverem a situação enfraqueceu na metade dos países.

"O relatório mostra que as tendências de descontentamento social estão associadas com os dois a evolução do emprego e percepções de que o ônus da crise é compartilhado de forma desigual. O descontentamento social aumentou em economias avançadas, Médio Oriente e Norte de África" [60]

De fato, já vimos o impacto de crises econômicas sobre as sociedades e governos em países como Egito, Iêmen, Líbia, ou em menor extensão, Espanha e Itália, e até mesmo os EUA com o Movimento Occupy, e Israel, com os protestos no verão de 2011.

Além da tensão crescente em muitos países, as soluções tradicionais fiscais e monetárias para as crises em geral, e para o desemprego em particular, parecem ineficazes como a dívida nacional de muitos países tem aumentado em proporções perigosas. Isso ameaça a solvência de muitos países, bem como dificulta a capacidade dos governos para lidar com os problemas sociais como o desemprego. Em tal estado, o desemprego deverá subir muito mais e distúrbios sociais podem acontecer com intensidade o que pode muito bem representar uma ameaça iminente para a estabilidade dos governos e todo o sistema internacional.

O aumento do desemprego é reversível?

Entre os males da crise econômica esta a contração na produção, tanto na indústria e no exagerado setor de serviços. Isso ocorre devido à contração no mercado, no comércio exterior, no consumo privado, e nos mercados de ações globais. Os cortes de empregos são esperados, não só no setor privado, mas também no setor público, principalmente porque os governos são levados à execução de planos de emergência, o que significa parte do corte de gastos e diminuição da força de trabalho entre os funcionários públicos.

---

[59] "Unemployment statistics," *European Commission, Eurostat*, http://epp.eurostat.ec.europa.eu/statistics_explained/index.php/Unemployment_statistics
[60] *World of Work Report 2011: making markets work for jobs* (International Institute for Labour Studies, 2011), ISBN, 978-92-9014-975-0, http://www.ilo.org/wcmsp5/groups/public/---dgreports/---dcomm/---publ/documents/publication/wcms_166021.pdf, p viii

A atual crise mundial não é parecida com os ciclos tradicionais de atividade econômica e financeira, que sempre foi caracterizada por crises e recuperações. O contínuo avanço da humanidade em direção a um sistema único e global, em direção a uma rede de conexões cada vez mais estreitas na economia e na sociedade, e para a interdependência completa é um processo inevitável de mudança. Se nós podemos ajustar as nossas relações, incluindo a nossa economia e sociedade, para as mudanças que acontecem no mundo global integral, seremos capazes de obter o equilíbrio com as leis do novo sistema. Esse novo equilíbrio tem muitas vantagens para nós, ainda que atualmente percebamos alguns deles como negativos, ou mesmo desastrosos. Entre as mais evidentes a tendência que percebemos como negativa é a queda permanente no emprego.

A queda no consumo não é transitória, nem é a contração da atividade industrial e de saída. Ambas são obrigatórias e refletem um retorno à razão, após uma era de excesso de consumo e seu dano resultante. A fracassada atual economia global, com toda a sua competitividade, egoísmo, e intrigas, voltará ao seu tamanho natural: uma economia equilibrada. A contração da indústria, serviços, comércio e do setor público também são obrigatórios.
Todos os sistemas econômicos que ficaram fora de controle ao longo dos últimos 30 anos, a era do Estado de extremo neoliberalismo, irão retornar às suas dimensões naturais, que são necessários para suprir as necessidades da raça humana em termos razoáveis, e níveis iguais, justos e harmoniosos.

Dr. Joseph E. Stiglitz fez uma palestra esclarecedora, intitulada "Imaginando uma economia que funcione:. Crise, contágio, e a necessidade de um novo paradigma "Perto da marca de 15 minutos da palestra, Dr. Stiglitz fez o seguinte comentário: "Hoje, cerca de 3% da população está envolvida ... na agricultura nos países industriais avançados, e produzem mais alimentos do que até mesmo uma sociedade obesa pode consumir."

Evidentemente, não há necessidade de uma taxa de trabalho de 90% e nem mesmo de 50%. O emprego de 20% é mais do que suficiente para cobrir todas as necessidades essenciais na agricultura, indústria e serviços da sociedade humana. Em outras palavras, a tendência atual de crescimento do desemprego não é uma fase passageira, mas uma nova fase que a humanidade está entrando.

Como podemos ver o retorno da humanidade ao consumo razoável significa que milhões de pessoas em todo o mundo estarão permanentemente sem trabalho. Se adotarmos o programa sugerido para educar os desempregados, esta mudança será bem-vinda. Ela nos permitirá acelerar a mudança em nossas inter-relações para combinar com o mundo global e conectado que a humanidade se tornou, onde todo mundo é dependente de todos os outros em todos os aspectos da vida.

Se nós não abordarmos corretamente o desafio do desemprego global em massa, que poderia minar e derrubar governos e regimes, criando uma catástrofe mundial.

Desemprego é Maior que o Reportado

Os verdadeiros números de desempregados na Europa e os EUA são muito maiores do que o informado. O método atual de medir o desemprego exclui as pessoas que não procuram trabalho por vontade própria, ou que tenham desistido de voltar ao mercado de trabalho. O fato de que essas pessoas não sejam contabilizadas na força de trabalho diminui significativamente a taxa de desemprego reportadas, que são definidas como a relação entre a força de trabalho e da população em geral na idade de trabalho (normalmente idades 16-64).

Na maioria dos países, mesmo uma pessoa que trabalha em tempo parcial, até uma hora por semana, é considerado empregado. Há muitas outras deturpações nas medições atuais de desemprego, e que a maioria desses métodos inclinam os números para baixo. A diferença entre o desemprego relatado e o real varia entre os países, mas não seria um exagero dizer que as taxas reais de desemprego são de 25% a 50% maior do que o informado.

Desemprego ameaça a estabilidade de governos e regimes

Parece como se o aumento das taxas de desemprego preocupa governos e governantes porque temem que isso esteja lançando a agitação social e econômica. O Estado se esforça para colocar os desempregados de volta ao trabalho o mais rápido possível e está disposto a pagar a uma ração básica aos desempregados por um período limitado de tempo. No entanto, ninguém entre os governantes parece estar se perguntando: "Como um cidadão do meu país de vida saudável e equilibrada deveria se parecer? É correto incentivar os desempregados a se apressarem para encontrar um novo emprego e entrar de volta na corrida (de ratos)? Quem ganha ou lucra por causa disso"?

Outro ponto é que os cidadãos insatisfeitos não vão votar no partido no poder, o que os políticos sabem muito bem. Terceiro, há medo genuíno de que as manifestações e protestos pacíficos (atualmente) se tornarão uma onda violenta, lavando o mundo inteiro, como já aconteceu em alguns países do mundo árabe. Nós já vimos faíscas de tumultos, o racismo e outras formas de protestos violentos na França, Reino Unido, Itália e Grécia.
Com a Primavera Árabe em segundo plano, governantes sendo derrubados, e as guerras civis e derramamento de sangue irrompendo, a tenacidade do desemprego é um motivo de profunda preocupação para os governos e para os economistas dos países ocidentais.

Um programa de emergência para lidar com o desemprego.

Como vimos, o aumento do desemprego e previsões pessimistas criaram um problema que requer atenção imediata. Mesmo os países onde a economia é atualmente sólida fariam bem em adotar os programas apresentados neste capítulo. A interdependência das economias e dos mercados financeiros em todo o mundo deixa pouca dúvida de que a crise vai se espalhar e afetar a todos. Alemanha, por exemplo, está ligado à zona euro por seu umbigo. Este país já está sendo ferido pela atual crise financeira na Europa, e as perspectivas de recuperação no futuro próximo parece muito magro no momento.

Todos devem reconhecer que, em um sistema fechado global e integral, em uma cidade global, o próprio destino depende de uma abordagem para com os outros. Relações baseadas no interesse comum, a solidariedade social, o consumo equilibrado, cooperação e harmonia são todos obrigatórios hoje. A realidade, caótica volátil do nosso tempo exige uma mudança na consciência de todos no mundo. Temos todos de aprender a viver na nova rede de conexões. Temos que saber nos adaptar a ela, ou permaneceremos essencialmente opostas a ela, e enquanto o espaço entre nós e a rede continua, a crise vai continuar piorando pessoal, social e globalmente.

O objetivo do Mecanismo de Emergência para Lidar Com o Desemprego

- Para lidar com o problema do desemprego, temos de criar um mecanismo de emergência cujos objetivos são os seguintes:

- Admitir os desempregados em uma estrutura de estudo regular (detalhes abaixo), que será definido como "emprego." Qualquer pessoa que participa dele não será considerado desempregado, quer em estatísticas do estado ou no seu status social.

- Ao participante do quadro do estudo será dado um subsídio que permita o sustento razoável contanto que participem do programa. O termo "seguro desemprego", que às vezes é considerado pejorativo, será substituído por "concessão" ou "bolsa", que atestam o fato de que essa pessoa está participando de um curso educacional. A semântica aqui é de suma importância.

- A soma da subvenção será determinada pelo Estado, considerando as necessidades do trabalhador e sua família, com o objetivo de permitir-lhes uma provisão razoável.

- Outra meta importante é a prevenção do desemprego, amargura e manifestações em massa. Assim como um emprego comum forma um quadro social, o novo programa educativo também será um quadro social. Este quadro irá aliviar não só angústia social e financeira, mas também vai garantir uma programação diária saudável e evitar a ociosidade ou declínio na criminalidade e vícios diversos. Aquele que participa, do quadro educacional, em troca de um subsídio o sustento governo será considerado como "aquele que encontrou um emprego." Trabalho dessa pessoa é estudar e adquirir habilidades para a vida, a compreendendo a nova realidade e as mudanças que cada um se compromete a submeter para sustentar-se com dignidade, bem como a evolução pessoal e socialmente em relação à vida em responsabilidade mútua entre todas as pessoas. É altamente improvável que um trabalhador que aumenta o seu valor pessoal, recebe uma subvenção, e sente-se que o Estado se preocupa com o seu destino vá para as ruas para demonstrar ou protestar

- Fornecimento de ferramentas práticas para recuperar a força de trabalho (detalhes abaixo).

- Atualizando o status social dos desempregados de rejeitado ao de uma pessoa entrando em um processo de transformação positiva e expansão de competências sociais e profissionais.

- Aprofundando a compreensão do Estado e a coesão social, especialmente em tempos de crise. Compreender a crise e suas causas impedirá argumentação e disputas, reforçando a coesão social e empatia com as instituições do Estado, e criam uma dinâmica de mudança de um sentimento de simpatia e compreensão da mudança necessária em todos os níveis da vida.

O Currículo do Programa de Educação

O conteúdo do quadro permanente de estudo para os desempregados que foram "contratados" para estudar nele será ser a seguinte:

- Finanças pessoais, permitindo uma vida digna dentro dos meios que o subsídio proporciona. Como o desequilíbrio do orçamento familiar é um fenômeno global, o antídoto é a adoção de uma rotina que vai permitir às pessoas levarem uma vida de dignidade, de acordo com as possibilidades financeiras de cada um. Esses cursos já existem e provaram-se bem sucedidos.

- Estudando habilidades para a vida sob condições de incerteza, como a manutenção da integridade familiar, a paternidade, a solidez mental, e melhorar as habilidades sociais. O aluno também vai adquirir ferramentas para ajudar no bom funcionamento econômico nos arredores, enfatizando as ramificações da crise na vida pessoal, o ambiente social, e os valores por que se vive.

- Cada pessoa vai ter que entender que, no mundo global, todos nós, pessoas comuns, políticos e magnatas estão no mesmo barco. Os ensinamentos incluirão explicações sobre as razões da crise global, o seu impacto em nossas vidas, entender as interconexões e a interdependência irreversível entre indivíduos, empresas e países em todo o sistema internacional, e as mudanças que incumbem sobre nós em termos de relações humanas a nossa forma de comunicar, colaborar, e em função de o nível diário.

- Adquirir as habilidades sociais necessárias para uma vida estável e pacífica no mundo global e interconectado: a solidariedade social, a consideração dos outros e do meio ambiente, o consumo equilibrado e assim por diante. Esta parte do curso também irá incluir uma explicação sobre a transformação necessária em estruturas sociais e econômicas de entidades empresariais, locais de trabalho, os sistemas de educação e vida familiar. O quadro educacional, informativo estabelecerá a base para uma mudança interna. Isto será seguido por pessoas transformando as relações humanas e internalizando à medida que a realidade se tornou global e integral. A transformação incluirá uma mudança de relações baseado na competição, o individualismo, o egoísmo, e maximizando o benefício pessoal, para o tipo de relações necessárias para a dependência mútua entre todas as partes do sistema de cooperação, interesse mútuo, a consideração das necessidades alheias, o consumo equilibrado e de responsabilidade mútua.

- A qualificação de estudantes do quadro educacional como instrutores para os recém-chegados ao quadro.

Todo o conteúdo será ministrado por meio de atividades sociais, simulações, trabalhos de grupo, jogos e conteúdo multimídia. O aprendizado não será a tradicional abordagem frontal professor - classe.

Benefícios para o Estado a partir do Programa Lidando Com o Desemprego

- Sistêmica e estabilidade do governo. O governo não vai ser percebido pelas pessoas como indiferente ou como fazendo apenas o mínimo necessário, mas como uma entidade que considera o desemprego como uma questão de alta prioridade e aloca recursos substanciais para esse fim, principalmente no desenvolvimento de capital humano e as habilidades sociais das pessoas.

- Melhorar empatia pessoal com o Estado e levantar o moral nacional. Dentro de poucos meses após a implementação do programa, uma nova geração irá emergir que não busca motins ou tumultos. Essas pessoas irão saber a razão da crise e por que eles perderam seus empregos. Eles também irão compreender as leis do mundo global e conectado, e as mudanças que incumbem a cada pessoa, e sobre a sociedade como um todo.

- Otimismo é uma força poderosa. O reconhecimento de que temos de alcançar uma economia equilibrada, não uma baseada no consumismo, mas no consumo racional e de responsabilidade mútua tem em si uma visão otimista econômico e social. Uma geração com tal visão estará em melhor posição para alcançar a prosperidade econômica, conquistas políticas e sociais, de saúde próspera, e uma vida familiar sólida. Este otimismo também permitirá que o Estado forneça soluções sustentáveis para a crise sem pânico, evitando assim decisões precipitadas.

- Economizando recursos. Financiar o novo programa educacional, pagando por subvenções aos trabalhadores, e definindo o estudo como um trabalho vai realmente custar dinheiro, mas também vai economizar muito dinheiro e recursos. Muitos governos investem em projetos de infraestrutura nacional e execução de projetos de larga escala de construção durante as crises. Os recursos gastos na infraestrutura nacional são considerados como "investimentos que geram crescimento", e muitas pessoas estão empenhadas em executá-los. O custo de investimento em infraestrutura, como estradas e ferrovias, é muito maior do que o custo do programa de emergência que estamos sugerindo. Além disso, investir em infraestrutura não vai resolver os problemas reais que hoje o mundo global e conectado apresenta. Os danos de desemprego, tanto escondido no setor privado e, especialmente, no sector público são enormes. O setor público deverá contrair substancialmente, especialmente na Europa, mas também em os EUA, e tendo os desempregados para o programa de educação-e-nova concessão será muito menos caro, e muito mais eficiente, do que empregá-los em projetos nacionais.

- Financiar os esforços para lidar com o problema do desemprego: o custo de empregar uma pessoa no setor público na maioria dos países é exagerado e implica em grande escala um desemprego oculto. O salário de uma pessoa que está realmente em desemprego oculto pode financiar os subsídios de pelo menos duas pessoas desempregadas. O crescimento esperado do desemprego e cortes vai economizar o dinheiro que será investido na criação e manutenção do quadro educacional do governo. Isso irá beneficiar aqueles que foram expulsos do mercado de trabalho, e facilitar sua transição para a nova forma de vida.

- Para mais detalhes sobre o excedente, seguindo o aumento esperado da taxa de desemprego, ver capítulo, "Superávit e a Melhora do Bem Estar Social.".

Os benefícios do Programa para os Desempregados

A implementação imediata do programa mantém grandes benefícios para aqueles que perderam os seus empregos, começando com a capacidade de sustentar suas famílias, através da aquisição de habilidades de vida e ferramentas para a gestão do orçamento familiar, a melhoria do status social e autoestima, e aquisição de conhecimentos e habilidades sociais necessárias para qualquer pessoa no mundo global e interdependente de hoje. Compreensão "a grande imagem", a que pertencemos a um quadro educacional que equipa cada pessoa com as ferramentas para se integrar ao novo mundo, junto com um ambiente de apoio social, vai dar esperança e otimismo para o futuro. Ao mesmo tempo, ele irá criar um modo de vida que tem um melhor equilíbrio entre o trabalho (estudo), a família, a comunidade e a sociedade.

Desarmando a Bomba-Relógio Social

No final do dia, é difícil para nós concordar com o fato de que o desemprego ainda não atingiu o seu pico, mas é esperado subir para proporções sem precedentes. Os atuais sistemas econômicos e sociais não serão capazes de lidar com as ramificações de desemprego em níveis elevados de dígito duplo, assim, o programa sugerido permitirá que tanto cidadãos e Estado, a mutuamente se ajustar à nova situação. O currículo único vai evitar tumultos e violência. Isto permitirá uma vida normal para continuar como um produto em direção a uma transformação nas relações humanas, de acordo com a nova interdependência revelada pela crise atual. Essa mudança resultará em uma nova economia equilibrada sob a égide da responsabilidade mútua, o que facilitará não só a provisão das necessidades básicas das pessoas, mas também uma melhor qualidade de vida, satisfação profunda, harmonia e sustentáveis estruturas sociais e econômicas.

Olhando adiante, é provável que muitos vão optar por aderir ao programa, independentemente das circunstâncias. Alguns até escolhê-lo como um modo de vida. O excedente da produtividade e do progresso tecnológico, juntamente com o retorno a uma economia equilibrada e razoável, vai facilitar a transição para uma existência digna para todas as pessoas no mundo, assumindo a maioria deles escolham viver sob os princípios ensinados no programa educacional.

Alguns vão fornecer produtos agrícolas, alguns vão fornecer bens industriais, e alguns vão fornecer os serviços e comércio necessário para nossas vidas. Será possível alternar realizar estas funções, enquanto o foco não está em bens materiais e da competição. Em vez disso, o foco será no desenvolvimento pessoal e social, e reforçar os laços da responsabilidade mútua e harmonia entre todas as pessoas, e entre a humanidade e a natureza.

A Psicologia da Economia

Apreciação do Ambiente Social e a Satisfação de dar "alimentarão" a Economia da Responsabilidade Mútua.

Pontos-Chave:

- Os seres humanos aspiram a desfrutar o máximo possível com o menor esforço possível.

- Economia comportamental combina considerações psicológicas e sociais na previsão do comportamento econômico.

- Toda pessoa é fortemente afetada pela sociedade, até mesmo por aqueles dos quais não temos conhecimento. Nós apreciamos a nós mesmos em comparação com aqueles em nosso meio, e não podemos tolerar ter menos do que os outros ao nosso redor.

- Nos atuais quadros sociais e econômicos, as pessoas não podem ser satisfeitas, nem a sociedade pode continuar a manter-se estável.

- A nova sociedade que irá prosperar, confiando em relativa e igualdade idiossincrática. Aqueles dentro serão recompensados com a satisfação das necessidades psicológicas que eles não expressam hoje.

- Uma economia baseada na responsabilidade mútua terá características altruístas.

Cada método científico começa com uma premissa, e economia é nenhuma exceção à regra. Enquanto as ciências se envolvem com minerais, plantas e do cosmos em geral, a economia se envolve em algo muito mais volátil e imprevisível: a natureza humana. Tal premissa na economia é de John Stuart Mill's1 "homo economicus" (o humano econômico). Grosso modo, o objetivo do humano econômico, ou seja, de cada um de nós, é obter o máximo de prazer com o mínimo de esforço.

E o que o humano, econômico gosta? O consumo de bens. Quanto mais bens nós consumimos, mais desfrutamos nossas vidas. Além disso, não estamos interessados no trabalho duro, então nós pesamos tudo pela medida do esforço necessário para obter os nossos bens. Humanos econômicos desejam maximizar seus benefícios ao escolher a alternativa que melhor serve as suas preferências em suas limitações de orçamento.

Economia Comportamental: Dinheiro Não é Tudo

Até recentemente, os economistas afirmaram que a utilidade pode ser medida por bens materiais. Isto é, quanto mais nós consumimos, mais desfrutamos. Esta abordagem levou ao nosso estado atual, em que a obtenção de dinheiro é o medidor final do sucesso.

De acordo com esta abordagem, o homem é um ser racional, um conceito chave na economia. Uma pessoa racional vai pesar todas as opções e, finalmente, escolher o mais gratificante em termos de recursos materiais, dinheiro, ou produtos que podem ser medidos monetariamente. Deste modo, nós desenvolvemos uma vista social que o dinheiro proporciona um medidor com o qual se mede uma pessoa.

No entanto, os pesquisadores em economia comportamental têm mostrado que as pessoas tomam muitos outros elementos além do dinheiro em conta ao tomar decisões. Um exemplo pode ser encontrado em um experimento bem conhecido em economia comportamental, chamado de "Jogo do Ultimato". Neste experimento, dois participantes devem compartilhar uma soma de dinheiro entre eles, digamos, 100 dólares. O primeiro participante oferece a parte um segundo de sua soma, e se o segundo participante concorda, eles dividem o dinheiro de acordo. Caso contrário, nenhum dos dois recebe um centavo.

Se, de fato, o dinheiro era o único elemento tido em conta, o segundo participante teria concordado em receber o que foi oferecido, até mesmo um dólar, enquanto a outra parte recebeu o resto, desde que o receptor teria um dólar a mais do que antes. No entanto, em muitos casos, os participantes concordaram apenas em distribuição igual, e estavam dispostos a abrir mão de muito mais do que um dólar, se eles sentiram que a oferta inicial era injusta.

O Estudo da Felicidade

Eyal Winter, professor de Economia na Universidade Hebraica de Jerusalém, explica que, embora seja claro que o homem deve aspirar ao bem-estar econômico, frequentemente definido como "bem-estar", a economia clássica pressupõe que uma pessoa se esforça para maximizar os ganhos materiais, porque para a maior parte da história humana, o sucesso econômico era necessário para a sobrevivência. [61] Como resultado, um mecanismo evoluiu dentro de nós que nos obriga a obter os meios para sobreviver, o que é expresso em dinheiro.

H No entanto, os pesquisadores da psicologia positiva, o professor Ed Diener e Robert Biswas-Diener, PhD, resumiram dezenas de estudos e concluíram que, "Existem principalmente pequenas correlações entre renda e bem-estar subjetivo (BES)... embora essas correlações pareçam ser maiores em nações pobres." Além disso, "As pessoas priorizam os objetivos materiais mais do que outros valores tendem a ser substancialmente menos felizes, a menos que eles sejam ricos. Assim, mais dinheiro pode aumentar o BES quando isso significa evitar a pobreza e viver em uma nação desenvolvida, mas a renda parece aumentar SWB pouco mais em longo prazo, quando mais do que se ganha indivíduos abastados cujo material deseja ascensão com os seus rendimentos." [62]

---

[61] http://www.ma.huji.ac.il/~mseyal/
[62] http://www.intentionalhappiness.com/articles/July-2009/Money-Happiness-2002.pdf

Outro estudo interessante, "ganhadores de loteria e as vítimas de acidentes: A felicidade é relativa? "[63] Compararam o nível de felicidade entre os ganhadores de loteria e de pessoas que se tornaram deficientes por acidentes. Constataram que cerca de um ano após o evento, uma pessoa que ganhou na loteria não estava mais feliz do que uma pessoa que ficou incapacitada por um trágico acidente.

A satisfação de Dar, Cooperação, e Justiça.

Embora bem-estar material tenha evoluído como uma necessidade básica, muitas outras necessidades têm desenvolvido em nós ao longo de milhares de anos vivendo em estruturas sociais. Tal necessidade primária que se formou a partir de uma vida social é a necessidade de dar e de receber. As sociedades humanas sempre trabalharam em cooperação, porque isso aumenta a sustentabilidade. Homens das cavernas eram muito mais bem sucedidos na caça e protegendo a si mesmos e seus clãs quando eles colaboraram e vivia uma vida comum. Um indivíduo que não cooperava corria o risco de cair no ostracismo, que muitas vezes significava a morte certa.

A tendência de cooperar para conseguir a satisfação ainda existe dentro de nós tão forte quanto o mecanismo que assegura o nosso bem-estar material. Um jogo muitas vezes desempenhado na economia comportamental é conhecido como "O jogo do ditador". Nele, um jogador recebe uma quantia em dinheiro e é suposto decidir quanto dele ele deve pegar. Aproximadamente 80% dos jogadores dão algum dinheiro para o outro jogador, e cerca de 20% das pessoas dividem o montante uniformemente. 6 Isso demonstra como dar, cooperação e justiça nos trazem mais satisfação do que a satisfação que vem simplesmente por receber dinheiro.

Influência Social

As pessoas medem a si mesmas em relação ao seu ambiente social. Eles, então, tomam decisões baseadas em emoções que surgem durante relações sociais. Em um estudo de participantes no mencionado "Jogo do Ultimato," a atividade cerebral dos participantes foi monitorada enquanto decidiam se tomavam a quantidade de dinheiro oferecido. Descobriu-se que no processo de receber a oferta, duas áreas diferentes estavam a trabalhar na área do cérebro a área responsável pela tomada de decisões racionais, e da área responsável da raiva.

O mais injusto o participante considerava a oferta, mais a atividade do segmento de raiva do cérebro prevalecia sobre a consideração racional. O participante tende a rejeitar a oferta e manter-se sem o dinheiro.

Uma pessoa sempre se compara aos outros em seu grupo de referência. Porque a nossa natureza social faz com que este comportamento, as emoções de contentamento e satisfação ou indiferença, frustração e raiva se juntem às considerações racionais. Estas respostas são resultados de nossas relações sociais, e pode nos levar a fazer escolhas que produzem resultados negativos, tanto em relação a nós como para com a sociedade.
Isto foi demonstrado em muitos estudos, como o dos professores Sara Solnick e David Hemenway, "são preocupações de posição mais forte em alguns domínios do que em outros?" Em seu estudo, eles afirmam: "Com base em um poder de compra constante, quase metade dos

---

[63] Brickman, Philip; Coates, Dan; Janoff-Bulman, Ronnie, "Lottery winners and accident victims: Is happiness relative?" *Journal of Personality and Social Psychology*, Vol 36(8), Aug 1978, 917-927, http://psycnet.apa.org/index.cfm?fa=buy.optionToBuy&id=1980-01001-001

inquiridos preferiram viver em um lugar mais pobre, ganhando $ 200.000 em vez de 400.000 dólares, se a maioria das outras pessoas estivesse ganhando $ 100.000 em vez de 800.000 dólares.".

No entanto, a combinação de comparar-se com os outros, de acordo com a influência do ambiente também pode trazer resultados positivos. Em 8 de abril de 2011, Justina Wheale do The Epoch Times, escreveu: "Em um novo estudo publicado no Jornal de Psicologia da Personalidade e Social, Dr. Karl Aquino e sua equipe descobriram que, depois de testemunhar excepcionalmente atos altruístas, as pessoas estão mais propensas a realizar atos caridosos. "[64]

Dr. Aquino e sua equipe também escreveram: "Eles têm algum tipo de reação emocional, eles estão inspirados, eles se sentem um tanto impressionado com o comportamento, eles podem ter graves reações fisiológicas. Muitas dessas mudanças podem levá-los a tentar fazer coisas boas para os outros.".

Contágio Emocional

Nós afetamos uns aos outros mais do que imaginamos. Nossa influência, um sobre o outro não é apenas o que vemos e medimos nos outros. Estudos mostram que "emocionalmente infectamos" uns aos outros, e somos "infectados" pelos outros, mesmo sem perceber. Além do fato de que nós avaliamos as expressões das pessoas e deduzimos os seus estados emocionais, há células no nosso cérebro chamadas "neurônios-espelho", que respondem a ações de outras pessoas, ativando as mesmas áreas em nossos próprios cérebros, como se estivéssemos realizando essa mesma ação.

Mas somos influenciados apenas pelas pessoas que encontramos? Acontece que somos influenciados por pessoas que nem sequer conhecemos. No livro, Connected: The Surprising Power of Our Social Networks and How They Shape Our Lives—How Your Friends' Friends' Friends Affect Everything You Feel, Think, and Do, Dr. Nicholas A. Christakis e o Professor James Fowler introduzem o conceito de que cada ser humano está entrelaçado em uma rede social de interconexões. De acordo com Christakis e Fowler, aspectos importantes em nossas vidas são influenciados por pessoas de até três graus de afastamento de nós, mesmo que não as conheçamos pessoalmente.

"Nossa pesquisa mostrou que a expansão da influência nas redes sociais obedece ao que chamamos de Regra de Três Graus de Influência". Tudo o que fazemos ou dizemos tende a propagar através da nossa rede, tendo um impacto sobre nossos amigos (um grau), amigos dos amigos (dois graus), e até mesmo nos amigos dos amigos dos nossos amigos (três graus)... Da mesma forma, somos influenciados por amigos dentro dos três graus "[65] . a nossa saúde, riqueza, e até a nossa felicidade de fato são em grande parte em função do que as pessoas nestes três graus de afastamento nos influenciam a pensar e fazer".

---

[64] Justina Wheale, "Witnessing Acts of Compassion Prompts People to Do Good," *The Epoch Times* (April 8, 2011), http://www.theepochtimes.com/n2/science/witnessing-acts-of-compassion-prompts-people-to-do-good-study-54278.html

[65] Nicholas A. Christakis and James Fowler, *Connected: The Surprising Power of Our Social Networks and How They Shape Our Lives—How Your Friends' Friends' Friends Affect Everything You Feel, Think, and Do* (NY: Back Bay Books, 2011), 26

A Crise e a Influência do Ambiente Social

Essas conexões se tornam mais complicada e mais proeminente assim que o mundo torna-se cada vez mais globalizado. O estreitamento entre as conexões de várias partes do mundo dirigiram a sociedade humana em um único sistema global e integral, fazendo com que todos os elementos se tornem dependente de todos os outros elementos do sistema.

Docentes em economia da felicidade frequentemente perguntam às suas audiências para descobrir onde suas roupas e apetrechos tecnológicos foram feitos, demonstrando como somos dependentes de outros países do mundo. Mas a conexão entre todos nós é muito mais ampla e mais profunda do que as nossas roupas ou smart-phones.

Em sua descrição do mundo moderno, o economista Geoff Mulgan, escreveu: "O ponto de partida para entender o mundo de hoje não é o tamanho do seu PIB ou o poder destrutivo de seus sistemas bélicos, mas o fato de que é muito mais unido do que antes. Pode parecer que é composto de indivíduos separados e soberanos, empresas, nações ou cidades, mas a realidade mais profunda é uma, das múltiplas conexões." [66]

Sob tais condições, a economia tradicional, que é baseado no individualismo, não está funcionando por mais, e a crise global de hoje está provando isso a cada dia. É impossível perseguir ganho pessoal sem incluir a miríade de conexões que afetam a todos e cada um de nós.

Em 1996, o renomado sociólogo, Manuel Castells, argumentou persuasivamente que "... uma nova economia surgiu em todo o mundo." [67] Podemos usar as mudanças que o sistema econômico está passando para equilibrar nossas necessidades materiais às nossas necessidades sociais. No entanto, quando examinamos a sociedade de hoje, vemos que os benefícios materiais procurando um ganho pessoal são desproporcionalmente mais dominantes na sociedade e na mídia do que nunca. Esta é uma manifestação de consumo que cresceu fora de controle.

Uma pessoa comum nos EUA está exposta a cerca de 600 anúncios publicitários por dia, todos cuidadosamente preparados para convencer que a satisfação e os benefícios da comprar o produto anunciado irão tornar as pessoas mais felizes.[68]

Na verdade, a única satisfação obtida é dos anunciantes. Além disso, nos é frequentemente prometido recompensas para o sucesso pessoal, mesmo quando o sucesso pode vir em detrimento de outras pessoas. Segue-se que uma pessoa vai fazer o máximo para ganhar e se sentir superior aos outros.

Vivemos neste mundo sacudido por duas influências contraditórias. Nós estamos rapidamente nos tornando conscientes de que somos incapazes de prover todas as nossas necessidades, e precisamos depender uns dos outros, que por sua vez dependem de nós da mesma maneira. A mídia, no entanto, implacavelmente lança-nos a ideia de que quanto mais cada um de nós possui,

---

[66] Mulgan, Geoff, *Connexity: Responsibility, Freedom, Business and Power in the New Century* (revised edn.) (London: Viking, 1998), 3

[67] Castells, Manuel, "Information technology and global capitalism" in W. Hutton and A. Giddens. (eds.) *On The Edge. Living with global capitalism* (London: Vintage, 2001), 52

[68] "Our Rising Ad Dosage, It's Not as Oppressive as Some Think," *Media Matters* (February 15, 2007), p 2, https://www.mediadynamicsinc.com/UserFiles/File/MM_Archives/Media%20Matters%2021507.pdf

o mais bem sucedido e superior somos para os outros. Essas mensagens nos cercam, embora por agora esteja bem claro que não somos autossuficientes e que a riqueza não é o único meio de alcançar a felicidade.

Por um lado, uma vez que sempre nos compararmos aos outros, quando uma pessoa tem mais do que as outras pessoas, acaba despertando inveja e faz com que os outros desejem que a pessoa falhe. Por outro lado, as tentativas de comunismo, onde todos têm o mesmo montante, falharam amargamente. No experimento Soviético com o comunismo, o nivelamento coercitivo de bens materiais das pessoas, independentemente das necessidades individuais e sem educação e explicação adequados, componentes necessários para uma mudança voluntária, resultou na morte de dezenas de milhões de pessoas.

Isto levou à queda final do regime e uma duradoura aura de negatividade em torno toda a ideia desta filosofia. Soluções forçadas não funcionam, especialmente quando elas diferem radicalmente daqueles que os precedem. Deveríamos prestar atenção cuidadosamente à lição agora que a humanidade atingiu um ponto de viragem em sua evolução e está começando a se mover da falha economia contemporânea para uma nova economia equilibrada conectada com o conceito da responsabilidade mútua.

Nós não podemos nos desligar da sociedade, pois ela nos fornece tudo o que precisamos para a vida. Assim, qualquer paradigma ou tentativa de resolver a crise global com ferramentas da velha economia está fadado ao fracasso, como tais tentativas derivam de uma economia competitiva, abordagem auto-centrada está rapidamente se tornando obsoleta. Em vez de tentar "forçar" os nossos modelos existentes na realidade, devemos tentar mudar o sistema econômico e a sociedade humana para corresponder à realidade emergente.

Essencialmente, estamos nos referindo a uma transformação psicológica. Assim como humanos, desenvolvemos mecanismos que nos auxiliam a lidar com os elementos, hoje podemos adaptar o nosso pensamento para se tornar congruente com as condições do século 21.

Justiça Social e Igualdade

O sociólogo Ulrich Beck escreveu em seu livro, Admirável Mundo Novo de Trabalho, que na nova sociedade, as pessoas vão realizar "trabalho civil" para beneficiar a sociedade. No entanto, como pode tal sociedade trazer satisfação e um sentimento de satisfação para as pessoas?

A nova sociedade deve reconhecer que se medir-nos em relação aos outros, nunca vamos nos sentir satisfeitos ou acreditar que obtivemos justiça social. Uma sociedade que quer viver em paz e prosperidade deve assegurar que cada pessoa tem a possibilidade de levar uma vida plena e equilibrada, liberado da necessidade de se preocupar sobre o fornecimento de grampos* e necessidades básicas. Como descrito acima, bem-estar material só pode trazer certo nível de felicidade, e a sociedade também não deve, nem pode igualar todos financeiramente. Em vez disso, deveria haver distribuição baseada em uma igualdade em que cada um recebe de acordo com nossas necessidades únicas para uma existência digna razoável.

Tal "norma" padrão de vida será determinada como cada um que está garantido para cada pessoa - responsabilidade mútua. Isto é, o padrão de vida deve ser maior do que a linha de pobreza e definida em um processo colaborativo através de uma "mesa redonda" forma de deliberação. Igualdade entre as pessoas será expressa não tanto na quantidade de bens e recursos atribuídos a cada pessoa, mas mais na justiça da distribuição e sua transparência.

Além disso, o sentimento de igualdade entre as pessoas será expresso por todos que tem a capacidade de obter completa realização pessoal. As pessoas vão também partilhar a consciência de que o mecanismo da responsabilidade mútua é o que cria a igualdade e o sentido tão necessário de justiça. Neste sentido vai existir em todos os níveis das relações humanas: interpessoal, entre a pessoa e o Estado, e entre o paradigma econômico e social.

Olhando Para O Futuro - A Mudança Que Podemos Fazer

Este mecanismo da responsabilidade mútua vai diminuir e, finalmente, eliminar as lacunas sociais. A garantia das necessidades básicas das pessoas para uma existência razoável é a diferença fundamental entre uma economia de responsabilidade mútua e da economia atual. Já vimos que as pessoas têm muitas necessidades que não podem ser satisfeitas em um ambiente que não incentiva suas expressões e realizações. Quanto mais o ambiente social apresenta modelos da alegria que existe nas relações sociais, na partilha e na justiça, mais os indivíduos serão capazes de desfrutar a vida em uma sociedade onde tais relações são a norma. Esta é a chave para a mudança.

Como o Dr. Aquino é citado na publicação acima mencionada em The Epoch Times, "Nós sugerimos uma técnica alternativa que pode ser a de destacar exemplos de bondade extraordinária. Eles são raros, por definição, eles não acontecem todos os dias. Mas se pudéssemos identificar estes e torná-los muito mais proeminente, então ele poderia levar as pessoas a pensar de forma diferente sobre suas vidas e sobre os outros, que podem influenciá-los a fazer o bem.".

Na verdade, existem maneiras para enfatizar atos de altruísmo e para ver como a mudança afeta cada um de nós. Por exemplo, se uma lista das 100 pessoas que mais contribuíram para a sociedade fosse constantemente anunciada, iríamos ver como as mesmas habilidades que levaram as pessoas a ganhar enquanto exploraram os outros, agora nos levaria a trabalhar para o bem da sociedade. O mesmo impulso competitivo que nos faz querer ter sucesso à custa dos outros agora vai levar-nos a perceber o nosso potencial para ganhar o respeito e estima da sociedade. Além disso, o maior interesse pessoal por benefícios sociais se tornam, quanto mais a uma pessoa será concedido apoio social e público para atualizá-la para seu melhor.

O "combustível" novo vai mudar nossa natureza de materialista e egoísta para altruísta e pró-social. Apreciando o nosso ambiente e tendo satisfação ao dar são as chaves para a nossa escolha de viver nossas vidas dentro de um sistema econômico e social de responsabilidade mútua. Há um benefício duplo nessa mudança: atividade para beneficiar a sociedade irá produzir uma sociedade que existe em paz e prosperidade, proporcionando um ambiente de apoio a todos os seus membros. Além disso, as pessoas serão capazes de realizar plenamente suas potencialidades e objetivos pessoais, ganhando assim tanto a satisfação pessoal quanto o reconhecimento público.

No atual ambiente caótico, tal visão pode parecer vaga ou irreal, mas, mesmo se esforçando para responsabilidade mútua vai deixar claro que tudo o que preciso para conseguir isso é uma mudança psicológica de mentalidade.

Magnatas na Nova Economia

De Predadores a Pró-sociais – O papel positivo dos magnatas na nova economia

Pontos Chave:

- Atualmente, 1% da população mundial detém 40% da riqueza do mundo.

- As grandes lacunas sociais e econômicas evocam em muitos um sentido de injustiça.

- Frustração e protestos são destinados a magnatas, que são considerados como tendo ganho as suas riquezas à custa do público através da manipulação do sistema.

- Uma pessoa rica tem o direito de gozar os frutos do seu trabalho. Nós não temos nenhuma justificativa moral para forçar magnatas em contribuir financeiramente para a sociedade.

- Magnatas proporcionam trabalho para muitas pessoas. Feri-los significa ferir seus empregados.

- As pessoas não nascem iguais em seus talentos e habilidades. A igualdade necessária no sistema global integral é relativa e idiossincrática onde cada pessoa recebe de acordo com as necessidades e de acordo com a contribuição para a sociedade.

- Através da educação e da influência do ambiente social em direção à responsabilidade mútua, magnatas vão participar com a nova economia e contribuir com suas habilidades para o bem-estar de todos. Em troca, eles vão desfrutar de aprovação social e um sentimento de satisfação.

- Agitação social do mundo, e a demanda por justiça social trazem frustração prolongada, principalmente entre a classe média e as porções menos abastadas da sociedade. Essas classes têm maior peso para o aumento global no custo de vida e crescente desigualdade.

A atual crise econômica está agravando esta angústia dessa classe e isso visto primeiramente nos países PIIGS na Europa e também em os EUA, embora protestos também irrompessem em economias cujo crescimento parece atualmente sólido, como Israel e mesmo a Alemanha.

Em um mundo globalizado e interconectado, mesmo os países que gozam de uma economia robusta são afetados pela crise e há dependência tangível e influência mútua entre os mercados. Outra questão é que os frutos do crescimento econômico não foram uniformemente distribuídos, por isso as diferenças econômicas e sociais têm crescido significativamente nos últimos anos. Milhões de pessoas estão a ser empurradas abaixo da linha da pobreza [69] e até mesmo em direção à a fome ,[70] com a classe média tendo a maior parte da carga tributária, trabalhando mais do que nunca para fazer face às despesas.

---

[69] By: Associated Press, "Number of US "poor" reaches record high under new census formula," *The Guardian* (November 7, 2011), http://www.guardian.co.uk/society/2011/nov/07/us-poverty-census-formula
[70] "Hunger in America: 2012 United States Hunger and Poverty Facts," *Hunger Notes*, http://www.worldhunger.org/articles/Learn/us_hunger_facts.htm

A erosão dos salários na classe média está a pressionar as famílias, tanto classes média e baixa, criando ressentimento generalizado pela maioria das pessoas, geralmente referidos como "os 99 por cento". Esse ressentimento está ligado principalmente contra os governos e políticos, que estão a perpetuar o atual sistema econômico que os trouxe a esta dificuldade. Principalmente, a crítica é destinada à indústria financeira, que desempenha um papel de liderança na crise global, e para a centralização do mercado nas mãos de poucos super-ricos indivíduos, conhecidos como "magnatas".

Um "magnata" é um nome informal para um magnata dos negócios, que alcançou proeminência e possuidor de uma quantidade notável de riqueza a partir de um determinado setor, como o bancário, de petróleo, ou de alta tecnologia. Em alguns casos, magnatas são dominantes em mais do que um setor. A palavra "magnata / tycoon", deriva da palavra japonesa taikun, que significa "grande senhor", e foi usado como um título para um shogun (comandante do exercito militar japonês). A palavra foi usada pela primeira vez em Inglês em 1857.[71]

Curiosamente, de acordo com Adam Goodheart, autor de 1861: "O Despertar Guerra Civil", secretários de Abraham Lincoln, John Hay e John Nicolay, usado... Um apelido para o seu chefe pelas costas: Tycoon""[72] Desde então, o termo se espalhou para a comunidade empresarial, onde tem sido usada desde então".

1% da população mundial detém 40% da riqueza do mundo

Uma das razões pelas quais a raiva se volta contra os magnatas é o nível desproporcional de centralização da riqueza. Atualmente, 1% da população mundial detém 40% da riqueza do mundo. Tal centralização extrema afeta a estabilidade do sistema financeiro e atividade econômica em todo o mercado, uma vez que o domínio das empresas de propriedade dos magnatas afeta o bem-estar público, que está sujeita a vínculos e interesses das empresas dominantes, suas estratégias e as prioridades de uma decisão de poucos.

Um estudo[73] conduzido por S. Vitali, Glattfelder JB, e S. Battiston do Instituto Federal Suíço de Tecnologia testou os links de 43.000 empresas internacionais. O estudo localizou um grupo relativamente pequeno de empresas, principalmente os bancos que possuem uma parte desproporcional da economia global. O estudo, "A Rede de Controle Corporativo Global", constatou 1.318 empresas que tinham laços com duas ou mais outras empresas. No núcleo da rede, segundo o estudo, os membros tinham em média "conexões com 20 outros membros. Como resultado, cerca de 3/4 da propriedade das empresas do núcleo permanece nas mãos de empresas do núcleo em si." Através de suas ações, as 1318 empresas coletivamente detêm a maioria da produção e empresas de tecnologia, que representam 60% da renda global.

Nos últimos anos, os motores de crescimento dessas empresas têm sido a adquirir ainda mais empresas, resultando em um crescimento perpétuo dessas corporações. Na cabeça da pirâmide esta um magnata, que geralmente possui 20-30 empresas, e cujo favor é procurado por bancos e outras instituições financeiras. Assim, o sistema suporta magnatas e incentiva-los a continuar crescendo.

---

[71] http://www.merriam-webster.com/dictionary/tycoon
[72] Adam Goodheart, "Return of the Samurai," *The New York Times* (November 10, 2010), http://opinionator.blogs.nytimes.com/2010/11/10/return-of-the-samurai/
[73] S. Vitali, J.B. Glattfelder, and S. Battiston, "The Network of Global Corporate Control," Swiss Federal Institute of Technology (arXiv:1107.5728v1 [q-fin.GN], 28 Jul 2011)

A economia de escala que ajuda os magnatas a reduzir os seus custos também os ajuda quando concorrem com empresas menores. Empurrando as pequenas empresas e fabricantes para fora do mercado, não só magnatas crescem mais, mas aumentam o seu lucro por unidade, porque agora eles podem subir os seus preços, sem se intimidarem com a concorrência.

Mas podem os magnatas realmente serem culpado por seu comportamento? Em um ambiente de competição selvagem e impiedoso, a sua escolha (se eles querem jogar no mercado), quer seja para serem caçadores ou caçados. No entanto, em vez de culpar o sistema, culpar aqueles que o usam melhor, esquecendo-se de que suas habilidades e desenvoltura poderiam ser usadas favoravelmente se apenas o sistema econômico incentivasse a colaboração em vez da competição. Quando você tem uma pessoa no topo da pirâmide, seja um magnata ou um presidente, é mais fácil colocar a culpa sobre eles, em vez de consertar o sistema que as criou.

Para o bem do argumento, vamos supor que dois bebês nascem no mesmo dia, um para um rei, e um para jardineiro do rei. Você pode culpá-los por nascer em suas respectivas famílias? Cada pessoa tem um ponto de partida diferente na vida, não só em termos de riqueza, mas também na educação, meio ambiente, e assim por diante. Como se pode determinar qual deles é o mais bem sucedido? Há pessoas que têm sucesso por causa de uma herança que receberam, ou que entrou em suas fortunas por conta própria. Aqui, também, o destino desempenha um papel.

Enquanto uma pessoa usa meios de ganhar sua riqueza que estão dentro das normas aceitas da sociedade em que a pessoa vive, não há justificativa moral para exigir que essa pessoa compartilhe ou ceda sua fortuna. É impossível exigir justiça social, obrigando os ricos a doar mais do que os outros, desde que tenham pago os impostos que devem pagar por lei. Você pode aumentar os seus impostos ou regular a centralização, mas há um longo caminho entre as mudanças constitucionais e regulamentos, e tirar a riqueza dos ricos.

A Crítica Não é Sem Mérito

Magnatas não hesitam em agir para maximizar o seu benefício pessoal, mas quando um bilionário emprega dezenas de milhares de trabalhadores em salários mínimos, ou subcontrata o trabalho para uma fábrica na Ásia Oriental que emprega pessoas em condições de escravidão, desperta antagonismo. As empresas pertencentes aos magnatas não são entidades altruístas. O grau em que o capitalismo evoluiu lhes dá permissão e incentivos para fazer tudo o que puder para aumentar seus lucros, muitas vezes explorando seu poder de monopólio para os preços subirem e maximizar os lucros. Como é bem sabido, aqueles que são os mais prejudicados por esta política são as classes mais baixas econômicas.

Além disso, como relatado no acima mencionado "The Network of Global Corporate Control" relata "Muitos dos principais atores pertencem ao núcleo. Isso significa que eles não realizam seus negócios de forma isolada. Ao contrário, eles estão amarrados juntos em uma rede de controle extremamente emaranhada". "[74] Esta rede de controle permite aos magnatas vincular os clientes a eles através de compromissos que exploram esses clientes. Além disso, eles frequentemente usam os seus laços em instituições governamentais para promover os seus interesses especiais usando lobistas. Embora a ganância não seja exclusiva de magnatas, eles têm

---

[74] Vitali, Glattfelder, and Battiston, "The Network of Global Corporate Control," p 32

mais ferramentas para realizá-la do que outros, com mais efeitos adversos posteriormente na sociedade e no meio ambiente.

A crise global fere o mundo dos negócios em geral e os magnatas, em particular. A maioria de suas atividades é fortemente alavancada, tendo sido financiado com o crédito recebido de bancos ou investidores institucionais. Quando um negócio que os magnatas compram com crédito (empréstimos) não pode pagar a dívida com o qual foi comprado, os magnatas não hesitam em declarar que não serão capazes de reembolsar integralmente a sua dívida, e pedem aos bancos e os investidores institucionais (onde o dinheiro da nossa pensão é investido) para participar no dano, ou seja, para amortizar parte da dívida.

No curto prazo, este processo causa grandes prejuízos para muitas pessoas, enquanto os magnatas saem relativamente ilesos. No entanto, a sua magia financeira está a custar-lhes muito, manchando a sua imagem pública e criando pressão pública para conter o seu poder e regular suas ações. Alguns estão fortemente engajados na filantropia, como Bill Gates, através da Fundação Bill e Melinda Gates, mas para a maior parte essa atividade é percebida tanto como um disfarce e inconsequente comparada com a sua extrema riqueza, influência, e os danos que eles causam na economia e o meio ambiente.

Finalmente, o estilo de vida esbanjador que muitos dos super-ricos adotaram desperta inveja, ou ódio, ou ambos, mas não deixa ninguém indiferente.

.

Criticas Injustas aos Magnatas

Há um grau de desonestidade na inimizade para com magnatas e do desejo de vê-los cair. Nós amamos odiar magnatas porque não somos magnatas. Em toda a probabilidade, se eu fosse um magnata, gostaria de defender com todo o meu coração o sistema econômico e social que permite a nossa emergência. Para a maior parte, estes são simplesmente os empresários de sucesso. Na verdade, o sonho americano se alimenta de tais historias da pobreza à riqueza, e a esperança de alcançar esse sonho é o que alimenta todo o sistema econômico. Nós odiamos magnatas porque, para eles, o sonho americano se tornou realidade, e para nós, tornou-se um pesadelo, ou melhor, continua a ser um sonho ainda a ser alcançado.

Além disso, se esforçar para destruir os negócios dos magnatas 'pode destruir justamente aqueles que lutam mais contra eles. Por toda a ganância deles, os magnatas dão trabalho a milhares de pessoas. Se eles falharem, todos aqueles cuja subsistência depende deles iria falhar com eles. Há mérito à demanda dos magnatas para vender algumas de suas empresas a fim de diminuir a centralização do mercado, mas como os compradores dessas empresas se comportarão? Será que eles vão ser mais justos com o público? Ou serão magnatas novos que se comportam exatamente como os de quem compraram o negócio? Na verdade, a experiência mostra que às vezes o comprador realmente aumenta os preços e corta mais empregos do que o anterior proprietário para aumentar o lucro, aumentar o retorno sobre o investimento e pagar a dívida com o qual a compra foi financiada.

Na verdade, a questão da abordagem do público em direção os magnatas não tem uma resposta simples.

Interdependência também afeta os Magnatas

Podemos discutir sobre se o sistema é justo ou não, mas na verdade, a maioria das pessoas depende dos magnatas para sua subsistência. Nós precisamos entender que estamos todos no mesmo barco e no mesmo sistema econômico, onde somos todos interdependentes. Evidentemente, o método atual não é o ideal, e manipulações de pessoas poderosas e instituições têm muito a ver com as suas falhas, mas não podemos derrubar o sistema por completo. A tentativa de criar justiça social destruindo os magnatas vai na verdade destruir a sociedade que os destrói, e os primeiros a sofrer serão aqueles que dependem dos magnatas para a sua subsistência, quase todos nós, porque eles vão estar fora do mercado de trabalho.

De fato, a defender a destruição dos magnatas indica uma falta de compreensão do sistema econômico. Se, por exemplo, todo mundo parasse de comprar em mega lojas de uma cadeia como Walmart e voltasse a comprar em mercearias locais, essas mega lojas demitiriam seus funcionários, que, então, não teriam dinheiro para comprar nos supermercados locais. Em outras palavras, antes de exigir todas as mudanças, temos que entender que cada sistema está interligado. Em um sistema socioeconômico baseado em responsabilidade mútua (onde todos garantem o bem-estar do outro), ninguém vai obrigar ninguém a renunciar à sua propriedade ou fundos. Coerção contradiz o espírito de responsabilidade mútua.

Caso os magnatas não façam concessões de sua própria vontade, e as concessões não são completadas e complementadas com a educação em relação às normas de responsabilidade mútua, a situação existente só vai piorar. Uma solução forçada irá prejudicar a nossa fonte de renda, pois enquanto isso o magnata está ficando mais ricos à custa de numerosos trabalhadores que ganham o salário mínimo, eles pelo menos têm uma renda. Os magnatas e seus funcionários estão todos ligados, pois eles são codependentes. Se os magnatas forem abaixo, todos os que dependem deles vão abaixo com eles.

A Solução - Evolução, não revolução.

Embora seja tentador sair às ruas e gritar exigências de justiça, na verdade, isso apenas piora a situação. Afinal, quando é que a destruição levou a bons resultados? Desde a sangrenta Revolução Francesa em 1917, Revolução Bolchevique na Rússia até a revolução de 2011 no Egito, raramente ou nunca uma revolução alcançou resultados positivos. Enquanto a situação que surgiu após o baixar da poeira e do sangue que secou, pode ter melhorado os aspectos da vida antes da revolução, se a humanidade pudesse evoluir para melhores estados em vez de se revoltar contra eles, seria melhor para todos.

Quando magnatas sentem inseguros, eles simplesmente fogem para outros países onde são mais bem vindos, como é o caso na Rússia de hoje.[75,76] Este não é um cenário desejável. A mudança para melhor só pode surgir a partir da reconstrução das nossas relações e os sistemas econômicos e sociais daí resultantes. Isso deve ser feito através do fornecimento de informações e da

---

[75] Harvey Morris, "Russian Oligarchs Flee To Safety In Israel," *The Financial Times - UK* (March 24, 2005), http://www.rense.com/general63/oky.htm
[76] Luke Harding, "Mobile phone oligarch flees Russia for new life in Britain," *The Guardian* (January 27, 2009), http://www.guardian.co.uk/world/2009/jan/27/russia-kremlin-oligarchs

educação. A mudança do estado atual para um mais desejável deve ser gradual, sem quebrar o poder dos magnatas ou de qualquer elemento poderoso no mercado de maneira irresponsável.

Porque a necessária mudança, hoje, é de perceber a nós mesmos como entidades separadas para percebermo-nos como elementos conectados em um sistema global interdependente. Mudar nossa percepção é a única solução possível. A mudança de percepção é um processo gradual e prolongado que requer tempo para que as pessoas absorvam e aceitem. Quanto mais avançamos na nova percepção do mundo, mais progrediremos para descentralizar o mercado e lidar com o resto dos problemas no mercado. No entanto, isso deve ser feito com o consentimento mútuo, não pela força.

Explicação, Educação, e a influência do ambiente.

As manifestações em todo o mundo pedindo justiça social, e os danos para a economia e para a sociedade em mais centralização, desigualdade e o poder descontrolado dos magnatas, têm pressionado os governos a agir para reduzir a centralização e da influência de magnatas. Os meios tradicionais têm tido regulamentações mais rígidas, mudanças estruturais no mercado, impostos adicionais sobre os super-ricos e em marcas de prestígio. Mas, dada a influência que os magnatas têm, é improvável que tais medidas serão totalmente implementadas. Além disso, mesmo se forem implementadas, é improvável que elas levem à redução do custo de vida, à diminuição das desigualdades sociais e econômicas, ou aliviar o sentimento de injustiça social.

Tais medidas reguladoras são instrumentos da caixa de ferramentas velha usados quando o mundo ainda era constituído de entidades separadas. No mundo de hoje, com o sistema globalmente conectado onde todos dependem de todos os outros, instrumentos que facilitam a concorrência não pode funcionar. A chave para uma transformação em consenso voluntário, através de um debate em mesa redonda, de igual para igual, é prestação de informação e educação para as massas. Em um sistema interligado, como uma pessoa pode explorar outra? Seria equivalente a atacar a si mesmo. Quando as normas sociais promoverem consideração mútua, preocupação mútua, a solidariedade social e coesão, a questão dos magnatas vai encontrar a sua solução pacífica.

Tal mudança é possível apenas através do fornecimento amplo de informações, a utilização inteligente dos meios de comunicação, e um sistema de educação que ilumina cada pessoa, salienta a importância da responsabilidade mútua, e dá às pessoas a motivação para contribuir com o melhor de sua capacidade, seja um magnata ou indigente.

Quando a mudança desejável ocorre, as pessoas vão perceber magnatas como partes de si mesmos. Eles vão reconhecer a contribuição magnatas para a sociedade. Por outro lado, os magnatas começarão a comportar-se de maneira responsável para com a sociedade e o ambiente. Eles voluntariamente adotar as mudanças necessárias no novo sistema econômico, mudanças que incluem uma distribuição mais igualitária dos recursos financeiros. Tal solução, que se baseia na transformação na percepção através da educação para responsabilidade mútua, é a única solução que é positiva e sustentável.

Magnatas na Nova Mudança Econômica: De Magnatas Financeiros para Magnatas Sociais

Primeiro, é importante notar que, em um sistema baseado em responsabilidade mútua no mundo global e conectado, magnatas têm seu lugar de direito. A igualdade necessária em uma sociedade harmoniosa não é a igualdade absoluta, mas é relativa e idiossincrática, onde cada um recebe de acordo com suas necessidades e contribuição para a sociedade. Se um empresário frequentemente viaja para o exterior e precisa de um jato privado para ser mais móvel e eficiente, proporcionando assim a seus muitos funcionários um trabalho, então essa pessoa deve ter um jato. Em tal caso, não se trata de um artigo de luxo, mas de uma ferramenta necessária que proporciona benefícios à sociedade inteira.

Nesse sentido, o magnata não vai sentir que os benefícios financeiros foram levados. Muito pelo contrário, esses benefícios têm agora legitimidade social. Mesmo em uma sociedade onde a igualdade é o valor mais alto, alguns vão sobressair e ganhar mais. A pergunta é: "O que eles vão ganhar"? Bilhões no banco? "Ainda temos que ver que esses bilhões não ajudam ninguém na crise atual". Bilhões no banco também não provaram ser uma garantia para a felicidade, mas o contrário.

Em vez de dinheiro, uma nova motivação vai dar às pessoas uma razão para manter ativo e trabalhando, mesmo em uma sociedade de relativa igualdade, a apreciação e aprovação dos cidadãos para os benefícios que os magnatas produzem para a sociedade. Magnatas serão capazes de perceber as suas potencialidades pessoais e de negócios já que a maioria deles não desfruta só os lucros, mas se veem primeiramente como empresários, apreciando a ação e não apenas o lucro que ele produz. Na nova sociedade, haverá mecanismos para contribuição de pessoas em publicidade para a sociedade expressar gratidão devida, o que vai garantir que os empreendedores são bem recompensados.

Distribuição igual de renda não é um ato apenas porque nem todas as pessoas são iguais, com as mesmas necessidades. Se a distribuição igual fosse implementada, seu dano seria maior do que o seu benefício. A igualdade deve permanecer relativa, tratando não apenas as necessidades mais fundamentais das pessoas, mas também expressando suas contribuições únicas para a sociedade e seus esforços para beneficiar os outros. As pessoas têm uma necessidade natural de ser recompensados pelo seu trabalho social e materialmente. Um rendimento igual vai dificultar a motivação das pessoas para contribuir e irá causar um aumento drástico na depressão.

A economia da responsabilidade mútua vai trazer uma redução drástica embora voluntária da desigualdade socioeconômica. A sociedade não precisa e não pode fazer com que todos sejam iguais por arbitrariamente dividindo renda, serviços ou recursos materiais. Em vez disso, a solução, como mencionado acima, é baseada em igualdade relativa, onde se recebe de acordo com as necessidades de cada um.

Haverá um padrão de vida mínimo definido pelo Estado. Esse mínimo irá garantir disposições básicas e permitem a convivência razoável e digna de acordo com nossas necessidades ou as necessidades de uma família, e em relação ao seu meio ambiente social. Será, no entanto, sempre um padrão de vida que está acima da linha da pobreza, que será definida em uma discussão conjunta tipo mesa-redonda. A igualdade se manifestará em equidade na distribuição de recursos e transparência do sistema.

Quando todos nós vivemos em uma sociedade que tem feito da responsabilidade mútua seu valor principal, os valores dos magnatas mudarão, bem como, de querer controlar os outros e maximizar o seu ganho pessoal à custa dos outros em valores pró-sociais, contribuindo para a sociedade. Os magnatas e moguls da sociedade serão apreciados não por causa de seus estilos de vida luxuosos, mas por causa de suas contribuições para a sociedade e para o meio ambiente.

Utilizando as competências e habilidades dos magnatas para benefício da sociedade são o que vai transformar os "sociais" magnatas em indivíduos preenchidos e satisfeitos, assim como em uma família, onde o principal provedor goza contribuição de sua para o sustento e bem-estar de toda a família.

Sonho ou Realidade?

A forma de vida harmoniosa que descrevemos pode parecer irreal e improvável, mas a crise global provocada pela natureza competitiva e individualista do nosso modo de vida atual, em comparação com a forma como devemos viver no nosso mundo globalizado e conectado, vai acelerar a mudança. E quando a mudança ocorre, vamos ver que o nosso reflexo natural para manter o sistema existente apesar das suas falhas óbvias não serve os nossos interesses, e que temos a chance de construir uma bela realidade, harmoniosa e sustentável onde todos, até mesmo magnatas, têm um lugar de direito.

O Superávit e a Melhoria do Bem-Estar Público

A economia de responsabilidade mútua irá expor muitos excedentes, que permitirão financiar a mudança a nossa frente

Pontos Chave

- Superindustrialização, superprodução, e excesso de consumo têm tornado a nossa economia moderna ineficiente. Muitos recursos são explorados não para o bem-estar das pessoas, mas para manter o sistema existente.

- O sistema econômico atual está esgotando os recursos naturais necessários para a nossa existência, embora não haja escassez real deles. A exploração inconsequente dos recursos naturais contradiz a atitude de responsabilidade mútua (onde todos são garantidores do bem-estar um do outro), compete-nos viver nossa vida em um mundo global integral.

- A transição para uma economia equilibrada e funcional irá expor muitos excedentes financeiros, materiais e sociais, que serão direcionados para benefício público, como resultado da transformação em nossos relacionamentos e da adoção de responsabilidade mútua como um tratado global socioeconômico.

- Ao tomarmos consciência do princípio da responsabilidade mútua na sociedade e na economia, vamos descobrir que as necessidades da sociedade mundial podem ser satisfeitas, enquanto permitimos que a Terra reponha seus recursos e exista em tranquilidade e harmonia com a humanidade e a natureza.

Um elemento-chave na teoria econômica atual é a falta. Entre outras áreas de pesquisa, os economistas estudam o uso de recursos finitos que podem ser substituídos por outros. A falta não significa ausência completa ou quase completa. Significa que o mundo como ele está hoje, não pode satisfazer plenamente os desejos de todos e cada um de seus habitantes, porque os recursos disponíveis são limitados, sejam eles metais, alimentos, ou petróleo.

.

Assim, todos os recursos podem assumir o estado de carência. Um dos papéis da economia é enviar esses recursos para lugares e mercados em que são os mais eficientes e com maior demanda. Em outras palavras, têm de ser atribuídos e distribuídos de forma eficiente.

Por exemplo, o leite pode ser vendido como leite ou utilizado para produzir o iogurte ou sorvete. A questão econômica aqui é, "Qual dos possíveis produtos irá produzir o maior benefício?" Esta "função de benefício", juntamente com a propriedade de falta potencial, cria conflito e competição que viola a harmonia entre as pessoas e as remove da conexão de reciprocidade, cuidado e colaboração. Isso prejudica a necessária mutualidade entre nós no mundo global e conectado em que vivemos.

A economia revela as relações entre nós, ainda que também as afete como fica evidente na carência e na função do lucro egoísta que cria a rivalidade, as coligações, as tensões e os conflitos. Porque estamos em uma crise econômica global que decorre da nossa incongruência com o mundo conectado no qual a humanidade está envolvida, é hora de adaptar nossas relações com a interdependência para que possamos construir uma nova economia. A variável, dependente da função do novo objectivo, é "maximizar" o bem-estar da sociedade humana e alcançar o padrão de vida ideal para todos.

Não Há Falta de Energia na Nova Economia Equilibrada

A industrialização, a urbanização e a nossa moderna sociedade orientada para o consumidor tornou o consumo em uma cultura e em um modo de vida. Juntando com o crescimento da população, que cruzou o limiar de sete bilhões, a humanidade está se dirigindo para a beira de um impasse. Este impasse se manifesta em esgotamento dos recursos naturais essenciais, como água potável e petróleo.

O geofísico americano, Marion King Hubbert, estabeleceu em 1956 a Teoria do Pico do Petróleo. A teoria explica as mudanças na disponibilidade de petróleo e outros combustíveis fósseis em função do excesso de bombeamento e o consequente esgotamento do recurso. Segundo a teoria, uma vez que o petróleo não é um recurso renovável, é provável supor que, em algum momento, a produção mundial de petróleo atingirá o pico e depois diminuirá gradualmente. Hubbert previu o pico de produção de petróleo nos EUA, o que ocorreu em 1971.

A teoria de Hubbert está em constante debate entre os acadêmicos devido às vastas ramificações econômicas e sociais do esgotamento do petróleo, já que o crescimento depende da abundância de energia barata e acessível. Quando a disponibilidade deste recurso energético declinar, o crescimento global será afetado. Esta afirmação se aplica aos indivíduos, bem como às empresas. A passagem do pico da produção mundial irá se manifestar em uma escassez global de combustível fundamentalmente diferente das carências que vieram antes dele. Desta vez, a sua base será geológica em vez de política, uma vez que as crises anteriores ocorreram devido à deliberada ineficiência do processo de extração do óleo.[77]

Atualmente, os países desenvolvidos estão negociando cotas de emissão de CO2. Dito de outra forma, os países estão negociando seu "direito" de poluir o ar. A poluição do ar está custando aos contribuintes fortemente, e o comércio de cotas de poluição do ar é mais uma prova de que o sistema econômico está fora de controle. Em vez de pensar em termos da existência humana, harmoniosa entre as pessoas e entre a humanidade e a natureza, onde nós nos esforçamos para prevenir ou corrigir os danos que causamos ao planeta que nos sustenta, cada país está se esforçando para maximizar seus próprios benefícios e interesses estreitos.

F Por exemplo, o Protocolo de Kyoto se esforçou para estabelecer colaborações e estabelecer padrões internacionais para evitar a deterioração contínua do estado da Terra. Em vez disso, o protocolo se tornou uma ferramenta nas mãos de potências industrializadas para encobrir suas ambições. Eles começaram a negociar quotas de poluição a fim de continuar a corrida de produção. A solução ecológica parece contradizer a solução econômica, e os interesses econômicos e a visão de curto alcance continua a prevalecer, apesar do dano ao bem público e ao futuro da humanidade.

Adaptar a conexão entre as pessoas ao que é exigido pela interdependência entre nós, no mundo global e conectado resultará na luta por congruência e harmonia com a natureza, demonstrando-nos que o equilíbrio é a maneira ideal de vida.

A tendência humana de se concentrar em acumular fortunas, o excessivo consumo e a competição está esgotando os recursos não renováveis da Terra. Nossa desconsideração ao nosso planeta está em contraste com a interdependência que o mundo global integral requer de nós. Se eu poluir meu habitat, o resto de nós vai sofrer as conseqüências. Poluição e desconsideração estão destruindo totalmente nossa sociedade.

Por meio da superprodução, impedimos a regeneração dos recursos. Se mudarmos para o consumo equilibrado, baseado em relações que estão em sincronia com as relações necessárias em um mundo globalizado e interconectado, nós não só iremos parar de rejudicar a ecologia e, indiretamente, a sociedade humana, mas também iremos permitir que a Terra se recupere e regenere os seus recursos.

A regeneração das florestas, a preservação de espécies vegetais e animais em extinção, e a recuperação da população de peixes nos oceanos são apenas alguns exemplos dos benefícios que advirão. Uma vez que a crise de energia está exaurindo os recursos disponíveis para nós, resolvendo-a através da mudança da abordagem das pessoas irá diminuir a escassez de recursos naturais. Isso ocorrerá porque a demanda vai diminuir devido à transição para uma economia equilibrada e porque a oferta vai crescer devido aos processos naturais de regeneração da Terra. O resultado será um bem-vindo aumento dos recursos para nosso uso e nosso bem-estar.

---

[77] Kenneth S. Deffeyes, "Hubbert's Peak: The Impending World Oil Shortage," *Princeton University Press* (2002), http://www.trincoll.edu/~silverma/reviews_commentary/hubberts_peak.html

O que vamos ganhar com o aumento constante do desemprego, e como?

A nova economia equilibrada - resultado da responsabilidade mútua entre as pessoas, entre elas e o Estado, e entre todos os países - vai expor grandes superávits e reservas, reduzir a ineficiência no mercado de trabalho, e evitar os tipos de prejuízo financeiro causado pelo sistema atual. Além disso, o previsto dramático aumento do número de desempregados no mundo vai acelerar e apoiar o processo de adequação das inter-relações entre as pessoas para o mundo global e interligado.

A transição para sair do consumo excessivo e da indústria competitiva, agressiva, e inchada, que produz muito além do que a humanidade necessita, significa que as indústrias e os serviços irão encolher. A corrida atual exige tanto esforço, financiamento e atenção de toda a cadeia de produção e consumo que o retorno a uma economia sã será saudado como um suspiro de alívio.

Pois o custo de salários médios, que o estado vai economizar através do desemprego, será possível financiar bolsas de estudo para aqueles ejetados do mercado de trabalho, bem como financiar o quadro educacional de emergência a ser estabelecido para os destinatários das bolsas de estudo. O objetivo do sistema educacional de emergência será para equipar os desempregados com conhecimento prático em finanças pessoais e habilidades para a vida, e apoiar a sua integração num mundo em mudança que será baseado na responsabilidade mútua

A contração da produção durante o retorno à economia funcional não irá prejudicar a capacidade do mercado para prover todas as necessidades de subsistência dos seus cidadãos. Em uma economia equilibrada, não há necessidade de emprego de 90%, ou mesmo 50%! Se apenas 20% da força de trabalho estivesse empregada na agricultura, indústria e serviços necessários, seria suficiente para satisfazer as necessidades de toda a sociedade humana. Naturalmente, a rotação entre os trabalhadores e os desempregados pode ser aplicada, dependendo dos acordos que serão feitos em uma sociedade que segue as leis da responsabilidade mútua.

Assim, a mudança de mão não é uma fase transitória. Pelo contrário, é uma mudança estrutural na economia global. Na responsabilidade mútua, a simbiose entre as pessoas é completa, e quem optar por continuar a trabalhar será apreciado por sua contribuição para o bem-estar coletivo, e pelo fato de que seu trabalho permite que a humanidade continue a evoluir, que existe harmonia entre as pessoas e entre a humanidade e a natureza.

A necessidade de empregar vastas populações criou uma quantidade colossal de empregos redundantes, desemprego desfarçado e inchaço dos mecanismos e da burocracia, especialmente no superinflado setor público. Um bom exemplo de tal processo falho é a Grécia, onde o setor público é exagerado e o país está à beira da insolvência. Uma das principais exigências do Fundo Monetário Internacional (FMI) à Grécia é cortar substancialmente o tamanho de seu setor público. Mas a Grécia é apenas um exemplo, embora um tanto quanto extremado, de um processo semelhante que está ocorrendo em todo o mundo.

Em nosso estado atual de desemprego desfarçado e ineficiência, os salários altos inflam as despesas do setor público, o que dificulta a capacidade do Estado para atender seus cidadãos. De uma perspectiva puramente econômica, uma pessoa que está atuando em um trabalho que não é benéfico à sociedade faz mais bem quando ele não está trabalhando, mesmo quando ele recebe seguro desemprego.

O previsto crescimento do desemprego não irá prejudicar a economia ou os que perderam os seus empregos se o plano de emergência for ativado e as pessoas receberem uma bolsa de subsistência, desde que se junte ao projeto educacional e social que lhes proporciona habilidades básicas de vida. Na atual realidade complicada, eles aprenderão a se adaptar às mudanças imposta a nós pelo mundo global integral e a se integrar em uma sociedade que vive de acordo com o princípio da responsabilidade mútua. Os gastos não realizados, em comparação com o emprego anual de um trabalhador, será bastante o suficiente para permitir o pagamento de bolsas de estudo para essa pessoa e para uma pessoa adicional para prover suas necessidades básicas. Ao mesmo tempo, vai ensinar-lhes habilidades de vida e conhecimento sobre o mundo globalizado e conectado, e sobre a responsabilidade mútua.

Por exemplo, a remuneração média anual na Inglaterra é de £ 28.000 libras esterlinas (cerca de 44.000 dólares dos EUA). No entanto, um desempregado de 25 anos ou mais recebe apenas £ 3.370 (aproximadamente US $ 5.300) em seguro desemprego, ajustada a renda anual. Mesmo considerando que a diferença é menor em países com maior orientação ao bem-estar, o cálculo é bastante claro. Se o seguro desemprego for elevado a cerca de £ 13.000 (US $ 20.000, aproximadamente a renda média de fundo de hoje em quinto lugar no Reino Unido), e considerando as reduções acima descritos de preços, que terá lugar na economia de responsabilidade mútua, o Estado será capaz de pagar bolsas de estudo para duas pessoas para participar do quadro educacional e adaptar as suas finanças pessoais para a vida no novo mundo.

É importante notar que a contribuição do governo para o Produto Interno Bruto (PIB) é o seu valor acrescido, ou seja, a soma dos pagamentos que o governo realiza (ou renda que vem do governo).

O desemprego mundial vai aumentar. Isto não pode ser resolvido com as ferramentas tradicionais da economia. O "The American Jobs Act" do presidente Obama, o qual focou o mercado de trabalho dos EUA e custa 450 bilhões de dólares em incentivos fiscais, foi destinado a impulsionar o estagnado mercado de trabalho americano. Agora, este Ato reúne três programas anteriores de estímulo de diferentes tipos, que começaram em 2008. E como os programas anteriores falharam este plano é provável que falhe também, uma vez que foi gerado a partir da mesma velha caixa de ferramentas. A interdependência no mundo globalmente interligado que aparece diante de nós nesta crise exige diferentes relações entre nós e, portanto, uma nova abordagem para soluções de problemas econômicos.

Devido que todas as indústrias no mundo conectado em que vivemos dependem uma da outra, o desemprego vai crescer exponencialmente. O declínio na renda necessariamente induzirá ao declínio no consumo, e uma transição natural irá ocorrer segundon a qual as indústrias serão proporcionais às necessidades do povo.

O desemprego é um resultado natural da transição para o consumo proporcional e a restauração da "sanidade" da indústria. Esse processo irá interromper a exploração de recursos não renováveis da terra e com o tempo vai aumentar os recursos disponíveis para uso da humanidade. O atual sistema econômico inflacionado é dispendioso e causa prejuizos sociais e ambientais, demandando enormes orçamentos para consertar o estrago. Este é um ciclo vicioso cujos efeitos maléficos sobre a humanidade são imensos. A transição para uma economia equilibrada irá economizar a maior parte desses fundos, que podem ser direcionados para o benefício do público.

O setor financeiro, também, está fora de proporção e é a principal razão da eclosão da crise global de 2008, a partir da qual a crise atual é uma evolução natural. A busca de lucros rápidos tornou-se completamente desenfreada, fazendo com que as instituições financeiras e bancárias inflassem através da imprudente alavancagem. Ao fazer isso, os bancos de financiamento imobiliários e empresas de investimento criaram uma bolha nos empréstimos, que explodiu com um estrondo, incendiando a crise financeira global. Os prejuízos da especulação e as consequentes bolhas financeiras em todo o mundo somam trilhões de dólares. O efeito da perda desses trilhões foi sentida por cada um de nós, mesmo quem não tinha conhecimento de que estava sendo afetado.

A interdependência e as conexões estreitas entre o setor financeiro e a economia real causou a crise nos mercados de ações para deflagrar a recessão global. Para ter sucesso no mundo globalizado e conectado, devemos assinar um tratado econômico e um tratado social, uma responsabilidade mútua que não permitirá que tais crises ocorreram, porque vai ficar claro para todos que somos interdependentes. Se prejudicarmos os outros, estaremos prejudicando a nós mesmos.

Uma Oportunidade Econômica

É impossível parar o processo de desdobramento natural da economia global. O aumento do desemprego, acompanhado por um declínio no consumo, continuará até que estejam estabilizados em um nível razoável. Muitos países -especialmente os Estados Unidos, onde 70% do PIB vem do consumo privado - estão confrontados com um impasse, porque eles não têm as ferramentas para lidar com a nova situação.

Como o desemprego se espalha, o consumo vai diminuir, o PIB vai diminuir, a economia vai entrar em recessão e o desemprego vai subir ainda mais. No entanto, não devemos ver esse processo como uma crise. Pelo contrário, é uma oportunidade para mudarmos os paradigmas, os quais são baseados na competição, no individualismo, e nos benefícios egocêntricos que nos levaram a nossa situação atual. Nós temos uma oportunidade de criar uma nova economia equilibrada, que vai trazer a todos nós um padrão de vida muito mais elevado do que temos atualmente.

O principal objetivo do novo sistema, a economia equilibrada, deve ser estabelecer um padrão justo e razoável de vida para todos os cidadãos. O financiamento não virá de orçamentos inchados e frágeis, que podem comprometer a estabilidade do sistema, mas sim, a partir do excedente que será revelado na sociedade através das transformações discutidas acima. Isso ocorrerá sem a necessidade de usar as antigas ferramentas econômicas, fiscais, monetárias e que se provaram inadequadas para lidar com a crise atual.

Em vez disso, para lidar com a crise, devemos começar por compreender sua raiz. Devemos oferecer um amplo processo de explicação, educação e construção de uma sociedade fundada em valores de responsabilidade mútua e solidariedade. Devemos chegar a sentir que o mundo é uma única família. Através da educação e da influência do ambiente sobre nós, o sistema atual irá se transformar em um sistema cujo objetivo é suprir as necessidades razoáveis para sustentar indivíduos, famílias e empresas. Qualquer coisa para além disto será usada para benefício público.

O processo de responsabilidade mútua pressupõe a reciprocidade. Em uma sociedade que funciona em responsabilidade mútua, cada pessoa sabe que se ele ou ela está em necessidades, esta carência será satisfeita. Tal pessoa não terá de cuidar de si mesmo e estará livre para criar e produzir para o benefício de todos.

As pessoas vão ser apreciadas pela sociedade de acordo com suas contribuições a ela, mais do que por suas fortunas pessoais ou posições. Esta mudança de mentalidade causará o aparecimento de grandes excedentes, que estavam escondidos em tempos em que as pessoas se importavam apenas com seu próprio benefício, assumindo que ninguém se importaria com eles se eles precisassem de ajuda. Em uma economia baseada em responsabilidade mútua, não há necessidade de economizar para um dia chuvoso. Como parte do tratado sócio-econômico, será o papel da sociedade, cuidar de todas as pessoas através acordos tributários.

Responsabilidade mútua - Um Patrimônio Inestimável

Além das vantagens da redução de gastos de energia e da transformação do mercado de trabalho, existem vários benefícios e excedentes que irão surgir em uma economia de responsabilidade mútua.

Habitação: Com as execuções judiciais de hipotecas em ascensão, queda dos preços, e as hipotecas de risco, a habitação tem sido um problema em vários países, particularmente nos EUA. Enquanto milhões de pessoas foram despejadas, milhões de casas permanecem vazias sem compradores à vista. Em uma sociedade que segue o princípio da responsabilidade mútua, as pessoas e os bancos irão emprestar casas ao custo de despesas gerais em consideração aos outros, e porque tal ato irá recompensá-los com grande aclamação social. Em uma sociedade de responsabilidade mútua, aqueles que possuem terras e não precisam dela para viver, usará a terra para aumentar a oferta de habitação e fornecimento de alojamento a preços acessíveis.

Excesso de consumo: As pessoas consomem muito além do que elas precisam para manter um padrão de vida razoável. Se considerarmos os produtos que temos e que não usamos, ou aquele que, simplesmente substituimos porque um modelo mais moderno foi lançado, veremos que, redistribuindo-os, podemos suprir as necessidades de toda a população, sem produzir sequer um único produto novo. Em outras palavras, a maioria dos produtos não está realmente em falta, mas, ao contrário, há a distribuição desigual devido à nossa competitividade e a nossa postura egocêntrica. Quando estabelecermos conexões recíprocas de responsabilidade mútua, descobriremos que não há falta de nenhum produto, mas sim abundância e excedente.

Preço dos alimentos e do custo de vida: De acordo com um relatório da Organização para a Alimentação e Agricultura das Nações Unidas (FAO), "Cerca de um terço dos alimentos produzidos no mundo para consumo humano, a cada ano - aproximadamente 1,3 bilhões de toneladas – é perdida ou desperdiçada." [78] Esses dados terríveis, combinados com o

---

[78] "Cutting food waste to feed the world: Over a billion tonnes squandered each year," *Food and Agriculture Organization of the United Nations* (May 11, 2011), http://www.fao.org/news/story/en/item/74192/icode/

conhecimento de que quase 1 bilhão de pessoas no mundo estão subnutridas,[79] formam um paradoxo social irreconciliável. Qualquer pessoa sensata verá que a criação de um sistema para preservar e distribuir adequadamente o alimento em excesso resolverá o problema da fome - e as consequentes doenças - sem qualquer reforma que seja.

Outro paradoxo é o preço dos alimentos. Muitos países são afetados pela inflação alta, o que prejudica primeiramente àqueles com rendimentos mais baixos. Em uma sociedade que segue o princípio da responsabilidade mútua, tal problema seria resolvido imediatamente. Quando nos damos conta de que a humanidade é de fato uma única família, não iremos querer jogar fora qualquer alimento sabendo que há membros da nossa família que vão para a cama com fome todas as noites.

O setor empresarial: O processo educacional que irá ajustar os sistemas atuais para aquele de interdependência fará com que o setor empresarial adote um sistema de lucros diferente. Em vez de lutar para maximizar o lucro em detrimento do consumidor e minimizar os custos de produção à custa dos empregados, o novo paradigma vai se esforçar para cobrir todos os custos de produção, e para direcionar os lucros para benefício público. As empresas não serão avaliadas pelo desempenho de suas ações, mas por sua contribuição para a sociedade.

Este processo vai baixar o preço dos alimentos e dos produtos básicos e permitirá que as pessoas desfrutem de um padrão de vida razoável. O aumento do custo de vida nos últimos 20 anos aumentou a desigualdade social e tem levado centenas de milhões de pessoas à beira da pobreza ou além.[80]

Divisão eqüitativa da renda sem a intervenção do governo: Já existe evidência de que, para além de certo nível razoável de renda, a felicidade não aumenta com o aumento de ganho.[81] Educar as pessoas sobre a solidariedade social, a responsabilidade mútua e condicionar a apreciação do ambiente social em atividades pró-social, irá criar entre aqueles que ganham acima do que é necessário para o seu sustento o desejo de contribuir com uma parcela de sua renda para o bem público. Isto irá permitir que as pessoas com rendimentos mais baixos desfrutem de um padrão de vida sustentável. A satisfação que eles receberem da gratidão da sociedade vai aumentar o nível de felicidade entre os doadores muito mais do que a satisfação fugaz que comprar outro equipamento, para depois de ser jogado fora como inútil quando a próxima geração de equipamentos chegar, alguns meses depois.

A mudança do coração entre os magnatas e a solução da questão da centralização do poder: 1% da população mundial controla 40% da riqueza global.[82] Tal situação apresenta complicadas

[79] "Global hunger declining, but still unacceptably high," *Food and Agriculture Organization of the United Nations*, Economic and Social Development Department (September 2010), www.fao.org/docrep/012/al390e/al390e00.pdf

[80] "Poverty Reduction and Equity," *The World Bank*, http://web.worldbank.org/WBSITE/EXTERNAL/TOPICS/EXTPOVERTY/0,,contentMDK:23003429~pagePK:148956~piPK:216618~theSitePK:336992,00.html

[81] Kahneman, D.; Krueger, A.; Schkade, D.; Schwarz, N.; Stone, A. (2006). "Would you be happier if you were richer? A focusing illusion". *Science* 312 (5782): 1908-10.

[82] James Randerson, "World's richest 1% own 40% of all wealth, UN report discovers," *The Guardian* (December 6, 2006), http://www.guardian.co.uk/money/2006/dec/06/business.internationalnews,
Joseph Stiglitz (abridged/edited by Henry Makow), "1% Controls 40% of US Wealth," *henrymakow.com* (April 10, 2011), http://www.henrymakow.com/stiglitz.html,
Rachel Ehrenberg, "Financial world dominated by a few deep pockets," *Science News* (September 24, 2011), http://www.sciencenews.org/view/generic/id/333389/title/Financial_world_dominated_by_a_few_deep_pockets

questões econômicas e sociais, promovendo o ressentimento e um sentimento de injustiça na população em geral. A mudança do coração entre os poucos que controlam uma parcela tão grande da riqueza do mundo – assim que a sociedade aprender a viver pelos princípios da responsabilidade mútua - irá trazê-los a abandonar a maior parte de sua riqueza em troca de elogios social e estabilidade financeira duradoura. Ao mesmo tempo, os recursos liberados irá garantir o bem-estar dos 99% restantes, desarmar a bomba-relógio social de desigualdade econômica e reforçar a coesão social.

Ao invés de controlar as fortunas do mundo, o mundo dos super-ricos desfrutará da apreciação constante do público. Naturalmente, eles vão manter fundos suficientes para garantir o seu próprio bem-estar, mas, além disto, eles serão valorizados por sua contribuição ao público e para o meio ambiente, em vez do número de jatos particulares que possuem. Se eles são educados no princípio da responsabilidade mútua, eles vão doar os fundos voluntariamente.

Excedentes nos orçamentos estaduais: Atualmente, os departamentos governamentais lutam uns contra os outros, lembrando o nosso próprio comportamento contra os nossos concidadãos. Cada departamento - atuando como uma entidade separada - luta para impulsionar o seu próprio orçamento. Estudos sobre políticas públicas, em especial a teoria "Public Choice", argumentam que um burocrata se esforça para aumentar o orçamento de seu departamento para ganhar prestígio, dinheiro e status.[83] O resultado, no entanto, é a distribuição ineficiente de recursos. Quando todos os escritórios do governo se sentir como parte de uma única família, muitos excedentes no orçamento virão à tona e o setor público será gerido com muito mais eficiência, em benefício do público.

Um futuro seguro: Como explicado acima, as novas normas e valores implantados na sociedade irão mudar a percepção de lucro de máximo ganho pessoal para máximo benefício social. Esta mudança irá expor grandes excedentes que já estão disponíveis, mas estão ocultos. Nós seremos capazes de oferecer um padrão de vida razoável para cada família.
Quando consideramos a imensa influência do meio ambiente sobre a pessoa, entendemos que a alteração descrita acima é realista e necessária. As normas e comportamentos projetados pela sociedade irão alterar nossa conduta econômica e ajustá-la ao sistema global integral. Nós, naturalmente, nos esforçamos para concordar com o nosso ambiente social, para receber a sua apreciação. Por esta razão, uma mudança na percepção da sociedade vai mudar o comportamento dos indivíduos e das sociedades, e nos permitirá adaptarmos nossos sistemas econômicos e sociais para uma nova realidade – aquele que é bom para todos.

---

[83] Niskanen, W. A. (1987). "Bureaucracy" In Charles K. Rowley, ed. *Democracy and Public Choice*. Oxford: Basil Blackwell.

Economistas e Especialistas no Novo Mundo

Os economistas irão desempenhar um papel fundamental na adaptação da sociedade humana ao mundo global integral

Pontos-chave

- A rede de laços egoístas tecidos no mundo desde a revolução industrial esgotou seu potencial e levou a humanidade a uma crise econômica mundial.

- Os economistas mais proeminentes estão confusos. Todas as tentativas para resolver a crise econômica através da tradicional caixa de ferramentas falharam porque os paradigmas existentes já não correspondem à realidade global integral.

- Sem uma transformação altamente necessária dos paradigmas econômicos para se conformar às leis do mundo global integral, a humanidade não vai superar os problemas que ameaçam a sua existência.

- Aprender as leis do mundo global integral é uma pré-condição para a compreensão da rede de conexões e para a construção de uma nova sociedade

- Os economistas e especialistas em ciências sociais têm um papel fundamental a desempenhar na adaptação dos laços econômicos entre todas as partes da sociedade humana no mundo global integral.

"As idéias dos economistas e dos filósofos políticos, quer seja quando elas estão corretas ou quando estão erradas, são mais poderosas do que é comumente entendido. Na verdade, o mundo é governado por pouco mais. ... Tenho certeza de que o poder de interesses é muito exagerado em comparação com o avanço gradual das idéias. ... Mas, cedo ou tarde, são as idéias, e não os interesses escusos, que são perigosas para o bem ou o mal."[84]

> --J.M. Keynes

O Papel Único dos Economistas

A crise econômica está despertando a ansiedade entre os economistas e os tomadores de decisão de todo o mundo. A crise global é a pior crise econômica do mundo desde a Grande Depressão dos anos 1930. Ela atinge cada um de nós e nos obriga a não só examinar cuidadosamente as causas da crise, mas a abordar ativamente as deformações que têm crescido em nossa economia desequilibrada e corrigi-las. O papel singular dos economistas é ajudar o resto de nós a entender a crise e conduzir à reparação do sistema econômico global.

A Crise do Pensamento Econômico

Ao analisar as causas da crise, parece que os paradigmas econômicos existentes não mais atendem a realidade global das nossas vidas. Enquanto os velhos padrões de pensamento que dominaram o mundo por mais de cem anos parecem significativamente fineficientes, os novo

---

[84] John Maynard Keynes, *The General Theory of Employment, Interest and Money*, (U.K., Palgrave Macmillan, 1936), pp 383-4

padrões de pensamento que correspondem à realidade atual e ajudaria a lidar com a crise são simplesmente inexistentes.

Muitos economistas e investidoress discordam sobre os modos de ação ou previsões, mas isto apenas destaca as falhas dos paradigmas existentes para enfrentar os desafios econômicos e financeiros do mundo. No entanto, a crise não espera por ninguém. A cada dia, à medida que ela se expande e se torna mais sistêmica, o risco de uma recessão econômica global se intensifica.

No final das contas, é uma crise que se origina da lacuna entre o pensamento econômico dominante atualmente e o conceito que deve prevalecer no mundo global integral em que vivemos. Como Prof Joseph Stiglitz definiu em uma palestra intitulada "Imaginando uma Economia que Funciona: Crise, Contágio e a Necessidade de um Novo Paradigma", "O teste de qualquer ciência é a previsão. E se você não pode prever algo tão importante como a crise financeira mundial ou a magnitude do que estamos passando, obviamente, algo está errado com o seu modelo"[85]

A Nova Caixa de Ferramentas em Pesquisa Econômica

Ao estudar os organismos vivos, o cientista primeiro simplifica e explica como os vários órgãos fincionam, em seguida, explica sobre os diferentes sistemas e suas inter-relações, assim, executando a análise e a síntese. Estudando as inter-relações entre os sistemas, os cientistas das ciências da vida apontam para uma força unificadora que sustenta todas as células de um organismo. As células absorvem o que é benéfico e secretam o que não é benéfico, criando assim uma vida de equilíbrio e harmonia.

Como um fisiologista deve ser equipado com as ferramentas certas para esse campo de pesquisa, o economista precisa das ferramentas certas para seus estudos. Uma ausência de ferramentas adequadas para construir ou definir um novo modelo impede a descoberta de soluções para a crise global atual. O novo modelo aborda o fato de que hoje o sistema é global e conectado por laços de dependência mútua. Por enquanto, esse modelo pode estar inteiramente claro para nós, devido às limitações impostas pela teoria econômica desenvolvida ao longo do século passado.

Interconexões Numerosas que Não Podem ser Previstas com Segurança

O objetivo de toda teoria é a de simplificar a realidade, e as teorias em economia não são exceção. No entanto, cada pesquisador sabe que a congruência perfeita entre teoria e prática é raramente encontrada. A teoria econômica atual pressupõe que cada pessoa deseja maximizar seu benefício pessoal, e descreve um sistema de relações entre consumidores, fabricantes, empresas e países de acordo com essa premissa..

A teoria propõe que cada elemento do sistema tem um conjunto diferente de prioridades e visa alcançar os melhores resultados para si. Estes elementos juntam-se em sistemas mais complexos, tais como empresas, corporações, mercados e países que funcionam em um mundo global e integral. Este último elemento, o mundo global, integral, é o que traz as dificuldades para

---

[85] "Short films from the 2011 Lindau Nobel Laureate Meeting in Economic Sciences," *The New Palgrave Dictionary of Economics Online*, http://www.dictionaryofeconomics.com/resources/news_lindau_meeting http://www.dictionaryofeconomics.com/resources/news_lindau_meeting (see Stiglitz's lecture, minute 1:36)

construir modelos econômicos que contemplam todas as etapas de tomada de decisão na cadeia. Esta é uma razão pela qual a teoria econômica atual é imperfeita e limitada em sua aplicabilidade.

Incapacidade para Quantificar e Prever o Comportamento Humano

A Economia usa ferramentas estatísticas que permitem o isolamento de variáveis para detectar quais conexões que se repetem, e em que condições. Usando essas ferramentas estatísticas, os pesquisadores aprendem com os eventos passados e constroem modelos de comportamento ao longo do tempo. Eles podem usar essas ferramentas matemáticas porque é possível quantificar os vários parâmetros. No entanto, o que acontece quando os modelos devem incluir parâmetros não quantificáveis? O comportamento humano é exatamente tal parâmetro, e porque a economia está diretamente relacionada ao comportamento humano, que torna todo o campo de estudo limitado e inexato.

A razão pela qual o comportamento humano é imprevisível é que a tomada de decisões inclui elementos que nem sempre são racionais. Somente através da combinação de diferentes métodos de pesquisa, diferentes paradigmas, tais como a economia clássica, que se refere aos elementos quantitativos e a economia comportamental, que se relaciona com a natureza humana, é possível estudar todo o sistema. Isso permite que os pesquisadores entendam o comportamento humano, reconheça os limites do sistema, e compreendam as conexões que o trazem ao equilíbrio. Somente assim nós alcançamos tudo o que pode detectar com precisão as causas do desequilíbrio que levou à crise atual.

A abordagem integrativa é uma pré-condição, válida especialmente hoje, quando um completo novo sistema econômico que é radicalmente diferente do seu antecessor está sendo construído. O novo sistema é baseado nas leis de integração de todo o sistema. Tal como no estudo de organismos como sistemas fechados, no novo sistema econômico um economista será capaz de seguir as alterações, definir causalidades, e quantificar os parâmetros para o bom funcionamento das inter-relações entre os elementos do sistema.

A Nova Teoria Econômica-Global Integração

Até agora, a teoria econômica conseguiu caracterizar o comportamento das unidades econômicas em nível de unidades particulares, bem como em nível geral. No entanto, a teoria funcionou apenas enquanto as unidades poderiam ser vistas como elementos particulares. Isto criou uma divisão natural em segmentos de pesquisa econômica, como "economia do trabalho", que busca entender a dinâmica do mercado de trabalho, ou "macroeconomia", que lida com o desempenho, estrutura, comportamento e tomada de decisão da economia como um todo. Essa divisão explicava suficientemente as conexões entre as unidades econômicas e a dependência entre elas dentro mercado de cada país, incluindo casos de mercados fechados ou as relações comerciais entre os diferentes países.

No entanto, a economia não conseguiu integrar essas unidades de estudo em uma peça única e sólida que unem todas as unidades como uma, como requerido no mundo global e conectado. A incapacidade de conectar os sistemas em um é o principal desafio da economia hoje. A desconexão os torna incongruentes com as leis de integração que estão se manifestando no mundo interconectado de hoje.

Hoje, as unidades econômicas e financeiras operam em um único ambiente global. Elas estão atadas entre si por necessidade e dependem uma da outra, em conexões cada vez mais rigorosas. É um processo evolutivo que chegou agora a um ponto crítico, porque as ferramentas nas mãos de economistas não são mais eficazes. Elas foram desenvolvidas e aperfeiçoadas em um mundo completamente diferente do de hoje.

Anteriormente, podia-se explicar como as conexões entre as unidades econômicas e financeiras foram formadas. Era possível exprimir a ligação entre os elementos distintos de uma forma quantificável. Agora uma lei integrativa opera em todo o mundo, levando em conta *todas* as conexões possíveis. Combinando os atuais sistemas econômicos e sociais para que esta lei leve necessariamente a um mundo que aspira ao equilíbrio e harmonia precisamente, pois ela considera todas as conexões possíveis. Por outro lado, a incongruência com esta lei vai ser experimentada como uma crise galopante.

A Queda dos Velhos Paradigmas que Levaram à Crise

O paradigma econômico atual que nos levou a esta crise criou - entre outros males - uma base legal e moral para explorar mão de obra barata, principalmente no leste da Ásia, e o consumo exagerado dos recursos naturais. Essa base tem levado a dependência mútua de que não podemos mais escapar. Os EUA, por exemplo, tornaram-se uma superpotência de serviços financeiros e de consumo. A China, por outro lado, assim como a Índia e outros países em desenvolvimento, tornaram-se as fábricas do mundo. O sistema global está mais conectado do que nunca, e os economistas devem construir um paradigma econômico que suporta esta dependência mútua.

A humanidade evoluiu do individualismo, da competitividade, manipulações para um sistema global interconectado que exige dos economistas a elaboração de um novo paradigma que a reflita. Esse paradigma deve levar em consideração o fato de que estamos vivendo em um sistema global integral, e somente quando entendermos as suas leis, seremos capazes de estabelecer corretamente as conexões econômicas que nos levarão a uma vida de felicidade e equilíbrio.

A globalização não é mais uma grande descoberta. É uma realidade a qual os economistas geralmente se referem em suas declarações e discursos. O economista Mark Vitner descreveu a interconexão global de uma forma bastante palpável: "É como tentar separar ovos mexidos. Simplesmente não pode ser feito facilmente. Eu não sei se absolutamente isso pode

ser feito."''[86]

E, no entanto, as soluções que os economistas oferecem aos tomadores de decisão ainda se apoiam nas ferramentas do obsoleto paradigma do mundo das entidades separadas. Sugerem medidas tais como o corte das taxas de juro, despejando recursos no sistema (eufemismo para a impressão de dinheiro), ou redução de despesas do governo.

Talvez esses meios monetários e fiscais pudessem prestar os primeiros socorros, mas eles são completamente ineficazes quando se trata de atacar as raízes da crise e garantir um sistema

---

[86] Associated Press, "Recession will likely be longest in postwar era," *MSNBC* (March, 2009), http://www.msnbc.msn.com/id/29582828/wid/1/page/2/

viável, sólido e sustentável. Estas soluções falham porque esquecem a raiz da crise - o descompasso entre o funcionamento do sistema econômico atual e o necessário funcionamento dentro do sistema global integral. Os programas de resgate da crise financeira de 2008 basearam-se em teorias antigas e, portanto, falharam amargamente, levando-nos a enfrentar uma versão ainda mais ameaçadora do que esta crise apenas três anos mais tarde.

Ao tentar resolver os novos problemas, sem entender as leis pelas quais o sistema global integral opera, estamos apenas agravando a crise. Além disso, a incongruência dos sistemas econômicos com o atual modus operandi do mundo coloca-os em risco imediato de colapso econômico, revoluções e guerras civis. A Primavera Árabe de 2011, agora derramando em 2012, é um exemplo dos perigos que as pressões econômicas podem representar. A influência de elementos e partidos extremistas e nacionalistas de todo o mundo está aumentando. Os protestos na Europa e os EUA podem levar à violência, minar a paz doméstica, chacoalhar os sistemas políticos dentro dos países, e até mesmo aumentar a chance de uma guerra de grandes proporções.

Os economistas têm o dever e a responsabilidade de adquirir um conhecimento profundo das leis da nova economia mundial. Nele, as leis refletem os sistemas de relações humanas que estão se movendo em direção à colaboração, sinergia, solidariedade, coesão e harmonia. Apenas quando os economistas entenderem esta nova direção eles serão capazes de desenvolver modelos adequados para descrever o sistema global integral e como ele deve funcionar. Isto, por sua vez, irá resultar na criação de uma economia inteiramente nova.

Equívoco

Para demonstrar a ligação entre as leis do sistema global integral e nossa capacidade de identificar as suas características devemos nos voltar para outros campos da ciência. Primeiro, precisamos tomar consciência de que nós não percebemos a realidade como ela é, mas por aquilo que acreditamos que seja. Em um ensaio on-line intitulado "Ciência Objetiva: um Oxímoro Inerente", o Dr. Johnston Laurance, ex-diretor do Instituto Nacional de Saúde Infantil e Desenvolvimento Humano, escreveu, "Toda observação científica, mesmo no nível mais fundamental, é afetada pela consciência do observador. A este respeito, a declaração: 'Eu vou ver quando eu acreditar' é mais apropriado do que a afirmação inversa comumente usada." [87]

Nesse ensaio, o Dr. Laurance citou vários outros cientistas e pensadores, tal como o neurologista do século 19 Jean Martin Charcot, considerado o fundador da neurologia moderna: "Em última análise, vemos apenas o que estamos prontos para ver, o que nós fomos ensinados a ver. Nós eliminamos e ignorar tudo o que não faz parte dos nossos preconceitos."

---

[87] Laurance Johnston, "Objective Science: An Inherent Oxymoron" (April 2007), http://brentenergywork.com/OBJECTIVE_SCIENCE_ARTICLE.htm

Assim, para conceber a solução certa para a crise, precisamos primeiro nos ajustar a ela para que as ferramentas com as quais abordarmos os problemas, sejam as ferramentas certas. Há economistas que já podem oferecer soluções viáveis para a crise? Lamentavelmente, por muitos anos a academia nos ensinou como produzir riqueza financeira, ao invés de equilíbrio econômico e harmonia em nossa sociedade. A fim de pelo menos abordarmos a crise com a atitude mental correta, devemos nos começar a nos reeducar sobre muitos aspectos da economia.

Estudando a Realidade Global-Integral

A grande lacuna entre a realidade global integral a qual a sociedade humana desenvolveu e os atuais paradigmas econômicos, que não mudaram significativamente desde a revolução industrial, é a verdadeira razão para a crise. Compreender a diferença é o primeiro passo em direção à solução da crise, e este é o grande desafio que os economistas enfrentam hoje.

O pensamento integral, que leva em conta todos as possíveis conexões entre as partes do sistema, pode suprir um pesquisador com ferramentas para realizar os cálculos e previsões precisas de qualquer tipo. Ele pode dizer aos economistas o que eles precisam mudar nos sistemas existentes e como. Mas primeiro eles devem livrar-se dos velhos padrões de pensamento e estudar os padrões de pensamento do sistema global integral, e o paradigma econômico incumbente. O primeiro a adotar o padrão de pensamento integrante devem ser aqueles cujo papel torna-os mais sensíveis a mudanças e dinâmicas na sociedade humana, tais como, economistas, políticos e sociólogos.

Uma Oportunidade para Construir uma Nova Economia

Os sistemas existentes não podem ser descartados repentinamente. Temos um grande desafio pela frente que implica em uma profunda mudança de percepção da nossa parte. Essa mudança exige uma transformação em nossa maneira de pensar; dos atuais modelos de benefício pessoal e local para modelos que se concentram em primeiro lugar e acima de tudo na satisfação das necessidades de todas as pessoas; substituindo a busca pela riqueza, o excesso de consumo e os símbolos de status por uma nova, com benefícios não materiais que vêm da contribuição para a sociedade humana global-integral.

A oportunidade diante dos economistas é uma joia rara, evento único em há muitas gerações. A humanidade está no limiar de uma nova era em que aparecem novas causalidades. Os economistas têm o privilégio de serem os pioneiros que irão ajustar a estrutura da sociedade humana à nova realidade. Entre aqueles que são sábios o suficiente para construir a nova economia, de acordo com o princípio de que estamos todos conectados em uma rede global integral será bem recompensado. O destino do mundo repousa sobre sua capacidade de fazer essa mudança e levar a humanidade à prosperidade e abundância global.

Caixa de Mensagens Econômica General

1) **Um mundo global integral:**

- **Global:** "Globalização" refere-se às relações cada vez mais internacionais que envolvem a cultura, as pessoas e a atividade econômica. Na maioria das vezes ela se refere à economia: a distribuição planetária de locais onde bens e serviços são produzidos, viabilizada por meio da redução das barreiras ao comércio internacional, tais como as tarifas, as taxas de exportação, e as quotas de importação. A globalização tem acompanhado e contribuído para o crescimento econômico nos países desenvolvidos e em desenvolvimento por meio da especialização e pelo princípio da vantagem comparativa (a capacidade de uma pessoa ou de um país produzir um determinado bem ou serviço a um custo menor). O termo também pode se referir à circulação transnacional de ideias, línguas e da cultura popular.

- **Integral:** inteiro, completo, total. Além disso, consistindo ou composto de partes que juntas constituem um todo.

Esses dois processos, a globalização e a integração, estão interligados e descrevem o novo mundo global-integral. O desenvolvimento da tecnologia, a internet, a comunicação celular, o comércio mundial e os mercados financeiros têm acelerado a evolução da humanidade em direção a um mundo novo e conectado.

A roda não pode girar para trás, é impossível resistir ao processo de integração global. As crises recentes fez que a humanidade percebesse que nossas vidas nunca mais serão como eram antes. A aceleração da globalização e da transformação do mundo em uma aldeia global, onde a interdependência e mútua influência um sobre o outro são crescentes, obrigam-nos não só a sermos ateciosos uns com os outros, mas a realmente sentir empatia e participarmos totalmente da vida uns dos outros..

A crise mundial teve origem em nossas conexões atuais, baseadas no individualismo, na competição e no egoísmo, em relação ao tipo de conexões que agora são necessárias em um estado de interdependência em um mundo global integral. A solução para a crise global começa com o estabelecimento de novos tipos de conexões entre nós, que irá se enquadrar melhor ao mundo em que hoje vivemos.

Porque a crise é um problema sistêmico, se as pessoas se conectar em responsabilidade mútua e solidariedade, e trabalhar em reciprocidade na direção de um objetivo comum - estar em equilíbrio com o mundo global integral - criaremos um mundo iluminado. Esse mundo vai sustentar todos nós com abundância e tranquilidade, enquanto mantivermos a harmonia entre nós e entre nós e a natureza.

Na economia e finanças, a nossa dependência mútua é especialmente óbvia. É indiscutível. Os mercados de ações ao redor do mundo têm uma estreita correlação que só aumenta em tempos de crise. O mercado de títulos é um mecanismo global pelo qual os países levantam enormes quantias de dinheiro um do outro, com o fim de financiar as economias um dos outros. A própria economia reflete as estreitas relações transfronteiriças, e muitas empresas se tornaram corporações globais que fabricam em muitos países e vendem os seus produtos em todo o mundo. Hoje, nenhum país é autossuficiente, e a crise econômica global prova isto a cada dia.

2) **A responsabilidade mútua:** O mundo global integral exige uma transformação na maneira como percebemos as relações humanas. Essas relações devem ser baseadas no cuidado com os demais e interesse mútuo, assim como em uma família. Em primeiro lugar e acima de tudo, esta transformação implica em uma mudança pessoal na forma como nos relacionamos com os outros. Esta, então, será traduzida em um tratado social e econômico, lidando com todas as questões e necessidades nos níveis indivídual, comunitário, estadual, internacional. A economia de responsabilidade mútua vai contar com uma transição da relação de competitividade, individualismo, e lucro egocêntrico que visa maximizar o ganho pessoal, mesmo em detrimento do prejuizo dos outros, para uma economia equilibrada, que provê as necessidades básicas de cada pessoa. O objetivo desta economia será o bem-estar comum e extinguir as lacunas socioeconômicas com o consentimento de todas as partes e com total transparência.

3) **A mesa redonda:** A fim de atender às necessidades básicas de todas as pessoas, temos que realizar discussões em mesas-redondas, onde todos são iguais, assim como em uma família. Políticos, economistas, sociólogos e especialistas de várias disciplinas irão colocar suas cabeças para pensar juntos e ponderar a melhor forma de servir a nossa extensa família. Esta é a única maneira de formular a ordem correta de prioridades, através de amplo consenso para ser então implementadas nos orçamentos nacionais e nas relações internacionais. A transparência nas discussões de mesa redonda irá manter a legitimidade do mecanismo e apoiar a confiança do público de que as decisões são tomadas tendo em mente o bem-estar comum.

4) **Informação e Educação:** A chave para a mudança pessoal e para adaptar nossas relações a um aumento da dependência mútua e um fortalecimento das interconexões é a educação e a prestação de informações. Esta é a única maneira de avançarmos na direção da responsabilidade mútua.

- O currículo incluirá, entre outros temas:

- Finança Pessoal

- Competências de vida, destinadas a ajudar as pessoas a atuar em seu ambiente próximo econômica e financeiramente, e lidar com as ramificações da crise na vida pessoal.

- Informar as pessoas sobre os diferentes aspectos da vida em um mundo global integral, compreendendo a natureza da realidade, em um mundo assim, suas causas, as conexões entre a globalização e as mudanças necessárias nas relaações um com os outros, e ressaltando a influência do ambiente social sobre a pessoa. A transição para uma vida de solidariedade e de responsabilidade mútua é impossível sem o apoio do ambiente social e encorajamento desse processo.

- A responsabilidade mútua como um modo de vida - incultindo as habilidades sociais necessárias para uma vida sustentável e calma em um mundo globalizado e conectado.

A Crise Econômica Global

1) **A economia expressa a natureza das relações humanas:** A economia é uma expressão da natureza humana e reflete nossas relações humanas. É por isso que deve corresponder ao nível de desenvolvimento da humanidade. Assim, devemos entender as características da realidade global, integral, onde todos são interdependentes. A realidade integral enfatiza a necessidade de se alcançar a responsabilidade mútua, a fim de obter a prosperidade econômica e social e utilizar as vantagens de ajustar as relações humanas ao sistema global integral. As leis da nova economia de responsabilidade mútua irão refletir essa transformação nas relações humanas. Somente tal processo irá garantir que a economia seja estável, eficiente e mantenha um equilíbrio sustentável.

2) **A razão para a crise econômica é a lacuna entre o sistema existente e aquele que é necessário em um mundo global integral:** A crise é antes de tudo uma crise das relações humanas, resultante do abismo entre a natureza individualista e competitiva do nosso sitema de vida moderno e dos sistemas necessários no mundo global e conectado. Esse mundo exige que nos conectemos criando laços de responsabilidade mútua, cuidando das necessidades um do outro, e cooperando para o benefício de todos, incluindo nosso próprio.

3) **A economia abalada não é a razão para a crise, mas seu resultado**: Lidar com a crise global deve ser de forma completa, enfrentando não apenas os sintomas, mas mudando os valores fundamentais da sociedade e das relações humanas. Somente uma mudança assim levará à construção de uma nova economia, uma economia simplesmente, mais prosocial e equilibrada. Somente quando entendermos que a solução está em nossas relações uns com os outros, seremos capazes de encontrar as soluções certas para a crise

4) **A necessidade de um novo paradigma**: nem o método nem os sistemas econômicos e teorias existentes foram construídas ou destinam-se a lidar com uma realidade global integral. Assim, os paradigmas devem ser alterados a partir da raiz. Uma nova teoria econômica global é necessária, baseada na premissa de que as pessoas conduzem as relações de responsabilidade mútua, e aspiram por um modelo socioeconômico altruísta que demonstra os estágios avançados de uma sociedade que adotou tais relações como um estilo de vida. Se permanecermos no atual paradigma capitalista, baseado no princípio da "mão invisível", estaremos impedindo nossa capacidade de realizar a mudança necessária porque os economistas e teóricos apoiam a intervenção mínima do governo nas forças do mercado. Eles assumem que o equilíbrio ideal vai evoluir naturalmente, para o benefício das pessoas a quem estes modelos se destinam a servir.

5) **Substituir a caixa de ferramentas econômica**: A tradicional caixa de ferramentas econômicas para lidar com crises nos jogou nesta crise. Todas as medidas, programas de resgate e os incentivos dados em todo o mundo se basearam em uma única escola econômica, antiga e familiar, pela qual a solução para a crise está em diferentes combinações de expansões monetárias e fiscais (dependendo do país). Todas as medidas e programas de resgate desde 2008 não apenas falharam, mas também agravaram a crise por que nos impediram de tratar a sua causa, embora tenham tentado combater os sintomas. Devemos urgente assumir um novo paradigma, pois o nosso paradigma atual é

inadequado para a nova rede - o novo sistema global socioeconômico no qual o mundo evoluiu e a interdependência que esta rede criou.

6) **A crise como uma oportunidade**: A crise econômica e financeira está levando especialistas e tomadores de decisão a perceber que há uma necessidade de ajustar as relações humanas e os sistemas socioeconômicos derivados deles a uma forma exigida de relações em um mundo global integral. Esse mundo está aproximando as pessoas cada vez mais, estimulando-as a cuidar uns dos outros e cooperar sinceramente. Ele está levando-as para a coesão social, exigindo de nós a substituição da competição agressiva e exagerada pela concordância com as leis do sistema global integral. O estreitamento das lacunas entre os sistemas irá resultar no alívio imediato da crise.

Características de uma Economia Equilibrada

1) **Novas relações de lucro e utilidade**: A realidade requer de nós o ajuste dos atuais sistemas econômicos e sociais aos sistemas baseados em consideração mútua, colaboração, sinergia, compartilhamento de informações e recursos, e consumo equilibrado. Devemos também unificar mecanismos econômicos, fiscal e monetário. Estes novos sistemas expressam a responsabilidade mútua, enquanto a economia atual é baseada na maximização da utilidade pessoal e do lucro, na competitividade e no estimulo ao conflito inerente entre as pessoas e os países.

2) **Separar Rendimento de Consumo**: Cada pessoa será capaz de comprar produtos e serviços de acordo com a necessidade para um padrão de vida razoável, independentemente da renda, desde que todo mundo trabalhe e contribua para a sociedade de acordo com sua capacidade. Em outras palavras, todo mundo vai fazer pela sociedade tudo o que puder, e irá receber da sociedade o que eles precisam para seu sustento. A reciprocidade e da transparência terão um papel-chave aqui. Retirar o rendimento do consumo se aplica a todos, mas isso não significa que a renda, a posse de bens e propriedades, ou a contribuição para o bem comum será igual entre todos.

3) **Igualdade, relativa e idiossincrática**: A economia de responsabilidade mútua vai trazer com ela o estreitamento drástico da desigualdade socioeconômica até que esteja completamente aniquilada. A sociedade não precisa forçar a igualdade entre todos através da distribuição arbitrária de recursos monetários, serviços e bens materiais. Em vez disso, a distribuição deve ser relativa e individualista - a cada um segundo as suas necessidades particulares básicas para uma vida razoável. Um padrão de vida razoável será determinado como "aquele que garanta para cada pessoa a provisão das necessidades da vida, e permita uma vida confortável de acordo com as necessidades específicas de uma pessoa ou de uma família." Este padrão estará de acordo com o padrão de viva normal em seu ambiente próximo, ou seja, um padrão de vida acima da linha de pobreza para todos. Esse padrão será determinado por consenso de mesa redonda (veja neste capítulo, seção "Geral", item 3). A igualdade irá se manifestar na distribuição justa dos recursos, na total transparência do processo de tomada de decisão, na participação plena do indivíduo no esforço para proporcionar a si e para a família, e na contribuição com o melhor da habilidade de cada pessoa para o bem-estar geral da sociedade.

4) **Assegurar um padrão de vida razoável**: Um padrão de vida garantido será assegurado para todos, o qual seja sifuciente para manter um nível razoável. Serviços e produtos irão incluir habitação, saúde, educação desde o nascimento até a morte, alimentação, vestuário, e todas as coisas que os indivíduos e as famílias precisam para viver confortavelmente de acordo com as capacidades econômicas da sociedade em geral. Isto implica em um padrão de vida que está acima da linha da pobreza, conforme descrito no item acima. Como resultado, alguns indivíduos ou famílias vão melhorar seu padrão de vida, e alguns vão declinar. No entanto, todo o processo será realizado com o consentimento de todos e um senso de responsabilidade mútua ea preocupação com o outro, como é adequado para uma sociedade que adotou a responsabilidade mútua como um modo de vida. Informar, educar, e a influência do ambiente são elementos necessários em inculcar as mudanças necessárias em direção a uma relativa igualdade e garantir um padrão de vida razoável para todos.

5) **Uma economia equilibrada**: o consumo equilibrado é imperativo nesta nova economia equilibrada. Adaptar as inter-relações humanas à dependência entre eles no mundo global-integral irá mudar todo o paradigma econômico, não só o consumo. Irá passar de uma economia competitiva, exagerada, egocêntrica desperdiçadora, a uma economia equilibrada, estável, funcional e colaborativa, e em estágios mais avançados, ela irá mesmo se tornar altruísta. Todos os sistemas econômicos - de produção, comércio, consumo, o sistema financeiro e o sistema social serão adaptados para o tamanho necessário exato para prover a humanidade com tudo o que ela precisa para um consumo razoável, não menos, e não mais.

6) **Crescimento**: A busca do crescimento econômico como objetivo principal da sociedade não serve o bem-estar comum. Ela cria pressões e causa muitos danos econômico e social. A transição para uma economia equilibrada tornará o sistema que venera o crescimento irrelevante. Vamos parar de medir o sucesso econômico de um país pelo percentual de crescimento do seu PIB. O novo objetivo econômico de um país será prover todos os seus cidadãos com o que eles precisam para sustentá-los. Além disso, todos os recursos nacionais e pessoais serão destinados a desenvolver e realizar o potencial pessoal e coletivo dos cidadãos.

7) **Os excedentes na nova economia**: Uma economia baseada em responsabilidade mútua irá produzir excedentes substanciais de recursos financeiros, econômicos e naturais. Quando sabemos que há alguém para cuidar de nossas necessidades em qualquer circunstância, não será necessário manter as reservas em bens ou dinheiro. Empresas e países também seguirão esse princípio, e os excedentes irão se manifestar em uma abundância de recursos naturais, um aumento de terra livre e apartamentos rentáveis, e os recursos liberados devido à interrupção do consumo excessivo de alimentos pré-cozidos e produtos agrícolas que são atualmente jogados fora em vez de ser distribuído. Também se manifestará no aumento dos excedentes das pessoas, junto com a divisão justa da renda, mudanças voluntárias entre os magnatas, que trabalharão para diminuir a desigualdade, e departamentos do governo que não precisam manter reservas para si. Devido à importância deste conceito na nova economia, dedicamos o capítulo, "Excedente e Melhorado Bem-Estar Comum", inteiramente a esse tópico.

Satisfação em doar: Em uma economia baseada em responsabilidade mútua, o materialismo ocupará o seu lugar natural, para prover as necessidades. A satisfação e a motivação para o trabalho virão do desejo de fazer parte de uma sociedade que vive pelo princípio da responsabilidade mútua entre as pessoas, sem renda adicional ou posses. Em vez disso, a gratificação virá de prover as necessidades dos outros e de contribuir para o bem-estar geral. Nossas conquistas virão da nossa contribuição para o novo tratado sócio-econômico, a partir do desejo de ajudar no desenvolvimento dos outros e da reciprocidade das relações humanas.

A satisfação de doar é o resultado de uma mudança interior gradual, através da influência do ambiente, a prestação de informação e educação para a responsabilidade mútua.

8) **Um plano de emergência para lidar com o desemprego**: O desemprego continuará a subir, devido à crise e por causa da transição necessária de uma economia consumista, competitiva em uma, equilibrada e funcional. Centenas de milhões de pessoas vão ficar desempregadas e, portanto, exigem atenção imediata. Esta bomba-relógio socioeconômica tem o potencial de destruir famílias, aumentar a desigualdade, dividir a sociedade, e pode deteriorar-se em violência e instabilidades sociais e governamentais. O plano de emergência para lidar com o desemprego de acordo com o princípio da responsabilidade mútua, no âmbito do mundo global integral, vai incluir o pagamento de um seguro-desemprego justo, desde que a pessoa participe de um quadro educacional, a ser estabelecido pelo estado. A participação será considerada como um trabalho. Para mais detalhes sobre o conteúdo e as vantagens do plano de emergência para o estado e para o povo, ver o capítulo "Plano de Emergência para o desemprego."

9) **Unificando governo e mecanismos financeiros**: Atualmente, várias instituições internacionais, principalmente na educação, economia e saúde, tais como o Banco Mundial, o Fundo Monetário Internacional, ou a UNESCO refletem o reconhecimento da comunidade internacional da necessidade de assistência mútua, compartilhando informações, e colaboração transfronteiriça e intercultura. A nova conexão entre as pessoas no âmbito do tratado sócio-econômico chamado de "responsabilidade mútua" vai acelerar a colaboração internacional.

Estamos vivendo dentro de um único sistema econômico fechado no qual um país não pode agir apenas para seus próprios interesses, mas sim com um sentido de responsabilidade e de conexão com os outros países. Portanto, é natural que a colaboração internacional irá aumentar e se aprofundar, incluindo a unificação dos instrumentos monetários e fiscais de acordo com as leis do mundo global integral, reconhecendo que um sistema integral só pode ter um chefe.

10) **O magnata social**: Em um sistema socioeconômico baseado em responsabilidade mútua, os magnatas terão seu lugar de direito. A igualdade necessária em um sistema harmonioso é uma igualdade relativa e idiossincrática – de acordo com as necessidades da pessoa e na medida em que ela cumpra sua potencial contribuição para a sociedade. Educar a humanidade para responsabilidade mútua vai alterar os valores dos magnatas de querer dominar e maximizar seus ganhos em detrimento dos consumidores até chegar a outros novos os valores pró-sociais. Os magnatas receberão a aprovação social da sociedade não por causa de seus carros de luxo, jatos particulares, ou suas mansões, mas por causa de

sua contribuição para a sociedade, para o meio ambiente, para o país e para o mundo. Ao mesmo tempo, os magnatas serão capazes de continuar usando suas habilidades únicas para que a sociedade possa se beneficiar de suas habilidades em produzir riqueza. Isto irá prover os magnatas com gratificação, assim como em uma família, o principal provedor goza de sua capacidade para proporcionar o bem-estar de toda a família.

11) **The mutual guarantee index:** Today there are mechanisms for measuring economic and social inequality or the quality of life. When a mutual guarantee index is developed, we will be able to measure the degree to which firms, countries, and organizations implement the principle of mutual guarantee and the balanced economy described in this book. The index will also measure our progress toward mutual guarantee.

Benefícios da Nova Economia

1) **Padrão de vida igual para todos**: Uma política econômica baseada na consideração mútua levará à alocação de recursos públicos necessários para elevar as classes de renda mais baixa acima da linha da pobreza. Ao mesmo tempo, seminários e treinamento em habilidades de vida e finanças pessoais irão ajudar a desenvolver a independência pessoal e econômica. Vivendo além de suas posses, o excesso de consumo, e o uso imprudente de crédito tornaram-se uma pandemia global que requer tratamento. Estes têm desempenhado um papel importante na crise econômica global que vem acontecendo desde 2008, se não antes.

2) **Redução do custo de vida**: Quando a ganância não for mais a base das nossas relações comerciais e econômicas, quando cada um de nós se contentar com um lucro razoável e não se esforçar para maximizar os lucros à custa dos outros, os preços dos produtos e serviços cairá em direção ao seu custo real. Os principais beneficiários da deflação serão as classes de baixa renda. A redução do custo de vida vai reduzir a desigualdade e as disparidades sociais e econômicas.

3) **Diminuição da desigualdade e das lacunas sociais**: Um fenômeno que se tornou mais evidente na economia global é o aumento constante da desigualdade. Este é o principal motivo para a agitação social mundial. Quando nos relacionarmos uns com os outros como uma família, não seremos capazes de tolerar a desigualdade entre nós ou entre os países da comunidade internacional. Em vez de tensão e medo de revolução ou violência, a economia de responsabilidade mútua produzirá amplo consentimento sobre a necessidade de diminuir as disparidades econômicas, mantendo assim a estabilidade do sistema. Diminuir a desigualdade significa, entre outras coisas, concessões econômicas e sociais por parte das classes altas, educação e influência do meio em direção à responsabilidade mútua, e um mecanismo de deliberação eficaz, conhecido como "a mesa redonda." Isso vai garantir que as decisões sejam tomadas com transparência e justiça, refletindo o consenso social e econômico exigido pelas relações de responsabilidade mútua entre todas as pessoas.

Em troca, aqueles que podem contribuir com bem-estar social de todos receberão elogios e reconhecimento. Ao mesmo tempo, aqueles que recebem assistência irão desfrutar de uma vida digna e irão apreciar o novo sistema por ter melhorado sua condição econômica e social. Além disso, a economia de responsabilidade mútua irá garantir que as lacunas existentes hoje não sejam reproduzidas no futuro, porque o sistema será equilibrado, estável, e baseao na elevada coesão social.

4) **Uma reforma genuina no orçamento:** O único elemento que nos permitirá criar justiça social na responsabilidade mútua, ao mesmo tempo em que garante o bem-estar de cada indivíduo na sociedade - sem estourar o orçamento - é a sensação de que estamos todos no mesmo barco e devemos cooperar para benefício mútuo. Temos que determinar uma ordem de prioridades mais equitativa nos orçamentos nacionais com amplo consenso, em vez de agir como lutadores em um ringue. Deve haver uma economia gerenciada com transparência, que permita a todos entender e influenciar na forma como as decisões são tomadas.

5) **Melhorar as relações humanas no trabalho e as relações indivíduo-empresa-estado**: Em uma economia baseada na responsabilidade mútua, sistemas políticos e econômicos se tornarão amistosos com as pessoas sob a égide da responsabilidade mútua – considerando mais os cidadãos do que os governos. Melhorias semelhantes terão lugar no tratamento das autoridades das empresas e nas relações entre o setor empresarial e as autoridades fiscais do Estado.

6) **Trust:** The transition to another economy will be gradual. First, there will be dynamics of change and hope, a new spirit in society, a sense of cohesion and personal security. The anxiety and fear of being used and abused will give way to voluntary concessions and gestures in many areas, such as housing and rent prices, wage agreements that are fair to all sides, simpler and more efficient bureaucracy that truly serves the public, fair and honest banks, or garages that fix only what requires fixing and at a reasonable cost. All esses exemplos têm uma coisa em comum, um sentimento de confiança nos outros, um sentimento que é tão desesperadamente necessário nestes tempos insanos.

7) **Confiança**: A transição para esta outra economia será gradual. Primeiro, haverá dinâmica de mudança e esperança, um novo espírito na sociedade, um sentimento de coesão e segurança pessoal. A ansiedade e o medo de ser usado e abusado dará lugar a concessões e gestos voluntários em diversas áreas, tais como nos preços de venda e aluguel de casas, nos acordos salariais que sejam justos para todos os lados; em uma burocracia mais simples e mais eficiente que sirva verdadeiramente o público, em bancos justos e honestos, ou estacionamentos que taxam apenas o que exige a taxação e a um custo razoável. Todos estes exemplos têm uma coisa em comum - um sentimento de confiança nos outros, um sentimento que é tão desesperadamente necessário nestes tempos insanos.

8) **Consumo equilibrado:** O consumo excessivo, que se tornou uma parte tão importante de nossas vidas, com o incentivo do nosso ambiente social, gradualmente, e por meio do consentimento amplo, abrirão caminhos para o consumo equilibrado.O consumo privado deverá voltar à normalidade, em vez de o consumo exagerado que se baseia em anúncios publicitários e de pressão social, cujo único propósito é nos convencer a comprar produtos e

serviços que não precisamos. Muitos produtos e serviços redundantes desaparecerão, e o consumo vai contar com cálculos práticos de utilidade e serviço em nossas vidas diárias em um nível razoável de que é a norma em nossos respectivos ambientes. Marcas como status social serão substituídas por contribuições para a sociedade e participações na vida da comunidade e trabalho para o bem comum.

Após a queda da demanda, o custo de vida vai cair e um padrão de vida razoavelmente digno e será acessível a todos. Esse processo já começou e está ligado à crise e à transição gradual da humanidade, de uma economia competitiva e do desperdício sendo esta auto-centrada e desigual, à uma economia equilibrada e funcional, cujo objetivo é prover as necessidades básicas de cada pessoa.

9) Melhorar as condições Ecológica e Naturais: A mudança da economia de exploração e excesso de consumo que esgotam os recursos naturais e causam danos ao homem e á terra na economia do consumo equilibrado irá reduzir a quantidade da produção industrial e do número de produtos desnecessários. Estes processos irão contribuir significativamente para melhorar a ecologia do planeta: a poluição do ar e da água vai diminuir, as montanhas de lixo serão reduzidas drasticamente, e os desperdícios de energia e de recursos naturais irão cessar. O retorno à normalidade da produção e consumo, à igualdade e à equidade na repartição dos recursos, irão garantir que o uso dos recursos naturais serão feitos em um ritmo que permitirão à terra o tempo necessário para reabastecer seus tesouros.

Há uma abundância de recursos na terra suficientes para suprir as necessidades de toda a raça humana e de todas as espécies na terra por um longo período de tempo. A economia de responsabilidade mútua é uma economia equilibrada e harmoniosa, e, portanto, será amigável para o Planeta Terra, do qual nossas vidas dependem.

Uma grande vantagem da responsabilidade mútua é que em um sistema equilibrado e harmonioso, a probabilidade de conflitos entre nações e países, até mesmo da diplomacia agressiva, é praticamente inexistente. Lutas pelo poder, protecionismo, tarifas, guerras monetárias que exploram os pontos fracos de outros países. Um novo caminho irá se abrir na nova economia, baseada no espírito da responsabilidade mútua.

Apêndice
Publicações Anteriores do Instituto ARI

Nós, Nós, Nós

Que nós estamos em meio a uma "crise global" não está mais em questão. Uma vez que há também evidências de que a "globalização" abrange muito mais do que a correlação entre os mercados financeiros globais, um significado mais preciso do termo deve abordar a natureza interconectada da sociedade como um todo. Nós somos "globais" e não apenas no sentido financeiro, mas também, se não principalmente, no social, e também no sentido emocional. Nossas emoções afetam as de outras pessoas de forma tão intensa que podem iniciar movimentos sociais de país em país, trafegando através de um "hot spot" à outro, pelos fios que ligam a rede mundial de computadores.

A "primavera árabe" tem se expandido muito além do mundo árabe. Em cada país, as causas e as manifestações dos protestos usam uma "roupagem" diferente. No Egito, manifestações de massa derrubou o governo. Na Síria, a resistência do povo heroico diante da carnificina é um testemunho da profunda mudança espiritual que surgiu. Cidadãos simplesmente não podem mais tolerar a tirania.

Iêmen, Líbia e muitos outros países estão tanto na lista de países onde a agitação irrompeu, ou estão prestes a participar.

Quando você analisa as crises em cada país, é fácil ver que as injustiças sociais, econômicas e políticas estão na base de todos eles. No entanto, esses erros não são novidade. Eles têm atormentado a humanidade por milhares de anos. Por que, então, o mundo todo está protestando especificamente agora, e por que todos *simultaneamente?*

As respostas estão na estrutura da evolução da natureza humana. Como Jean M. Twenge e W. Keith Campbell belamente ilustrou *na Epidemia* Do *Narcisismo: Vivendo Na idade Da Titularidade* (Free Press, 2009), o que mais nos assusta hoje não são apenas o narcisismo e egocentrismo em si, mas o grande volume destas pessoas, e à que taxa alarmante de crescimento isto vem ocorrendo.

Como narcisistas, nos colocamos no centro de tudo, e em todos os "graus" e isto, de acordo com os benefícios que todos podem nos trazer. Conectamo-nos ao mundo através das lentes do nosso bem-estar. No entanto, é precisamente assim que *não* funcionará, se quisermos ter sucesso nesta era de globalização, com o mundo estando interconectado e interdependente.Para se ter sucesso, é preciso querer beneficiar à todos aqueles a quem estamos ligados tanto quanto quisermos beneficiar à nós mesmos. Se estivermos conectados e dependentes uns dos outros, então, se eles são felizes, nós também o seremos. E se os outros são infelizes, nós, também, seremos infelizes, como demonstrado por Nicholas A. Christakis, MD, PhD, e James H. Fowler, PhD, em *Connected: o poder surpreendente de nossas redes sociais e como Eles moldam nossas vidas - como os amigos "amigos" seus amigos afetam tudo o que sente, pensa, e faz.*

A solução, portanto, está na mudança de nosso ponto de vista do benefício próprio ao benefício-social, colocando a nossa sociedade em primeiro lugar e os nossos egos depois, *a fim de, eventualmente, beneficiar a nós mesmos.*

Em termos práticos, esta solução implica em três objetivos:

1. Disposições necessárias para dar garantias a todos os membros da sociedade.

2.   Garantindo a manutenção das referidas disposições por inculcar valores pró-sociais na sociedade utilizando meios de comunicação e da internet, com foco nas redes sociais.

3. Usando nosso trabalho pró-social de aperfeiçoamento pessoal, para que possamos realizar plenamente o potencial que está dentro de cada um de nós.

Para atingir **a Meta 1,** um painel internacional de estadistas, economistas, sociólogos e representantes de todas as nações, deve ser configurado para elaborar um plano para estabelecer uma economia justa e sustentável. Note-se que o termo "justa" não se refere à distribuição igual de fundos ou recursos (naturais ou humanos). Em vez disso, em uma economia justa nenhuma pessoa na Terra é deixada Abandonado. Assim, uma criança morrendo de fome no Quênia pode não precisar ter o último modelo de iphone, mas ela, sem dúvida, tem o direito à alimentação adequada, um teto sobre a cabeça, educação adequada, e cuidados de saúde adequados.

Por outro lado, uma criança da mesma idade na Noruega pode já ter o iPhone mais recente, mas ainda se sente miserável ao ponto de tirar sua própria vida, ou pior ainda, de outros, como os acontecimentos recentes no país têm mostrado.[88] A angústia nos dois casos é muito diferente, mas igualmente agudas, e ambas devem ser abordadas pelo painel, tendo em mente que, em 2008 laureado com o Premio Nobel e colunista *do New York Times,* Paul Krugman, disse: "Estamos todos no mesmo barco.".

Alcançar o **Objetivo 2** requer uma mudança de mentalidade. Desde que a mídia determina a agenda pública, é a mídia que devem conduzir o caminho para aniquilar egocentrismo. Em vez da atual "Eu, eu, eu", atitude cultivada pela mídia ao longo das décadas passadas, seus novos lemas devem ser "Nós, nós, nós," garantia "mútua", e "um por todos e todos por um." Se a mídia descrever os benefícios da responsabilidade mútua e os males da abordagem narcisista, vamos naturalmente gravitar em torno de partilha e carinho, e não para as desconfianças e isolamentos. Se comerciais, infomerciais, e infoentretenimentos começarem a mostrar os valores da doação individual, todos nós vamos começar a querer doar, assim como hoje, quando a mídia mostra reverência para os ricos e poderosos, fazendo com que todos queiram ser ricos e poderosos, também.

Essa mentalidade vai garantir que a nossa sociedade continue a ser justa e compassiva para com todas as pessoas, e, ao mesmo tempo em que todas as pessoas *de boa vontade* contribuam para essa sociedade. Além disso, muitas dos atuais agências de regulação e restrição, como a polícia, o exército, e os reguladores financeiros, podem tornar-se obsoletos ou exigir apenas uma fração destes recursos humanos e financeiros que atualmente exigem. Consequentemente, os recursos serão destinados para melhorar nossas vidas diárias, e não apenas para mantê-la relativamente segura.

Em tal atmosfera encorajadora e pró-social, **a Meta 3,** "Usando nosso trabalho pró-social para o aperfeiçoamento pessoal", terá um desdobramento natural. A própria sociedade irá incentivar, lutar e *fazer esforços* para garantir que cada um de nós perceba o seu potencial pessoal ao máximo, porque quando esse potencial é usado para o bem comum, a sociedade será beneficiada. Além disso, liberado da necessidade de nos proteger de um ambiente hostil, um tesouro de novas

---

[88] J. David Goodman, "At Least 80 Dead in Norway Shooting," *The New York Times* (July 22, 2011), http://www.nytimes.com/2011/07/23/world/europe/23oslo.html?pagewanted=all

energias irá se revelar para a nossa realização pessoal. O resultado será a erradicação da depressão e todos os seus males e afins, e uma dramática melhora da nossa satisfação na vida.

Depois de alguns meses de vida em uma sociedade com mentalidade orientada, ficaremos perplexos pelo tempo que passamos imaginando que o interesse próprio pudesse ser uma boa ideia. O evidente sucesso e felicidade de uma sociedade trará motivação crescente para promovê-la e fortalecê-la, criando um movimento perpétuo em favor da sociedade, e, ao mesmo tempo, em favor de cada um dos seus membros, sem descuidar de nenhum deles.

Em nossa realidade globalizada, apenas uma forma de governo que considera a felicidade e o bem-estar de *todas* as pessoas no mundo *igualmente importante* pode se provar sustentável e bem sucedida.

O Caminho para a Justiça Social

Em todo o mundo, as nações e os povos estão despertando, exigindo que seus governos possam ouvi-los, reconhecer a sua dor, e resolver os seus problemas. O clamor não é apenas sobre as necessidades básicas ou os preços da habitação. Em sua base é uma demanda firme por *justiça social.*

No entanto, a justiça social é uma meta distante. Com tantos segmentos da sociedade sendo afetados pela inflação, desemprego e falta de educação, a justiça de uma pessoa pode muito bem levar à injustiça de outra. Na estrutura atual da sociedade, qualquer solução que for alcançada, ela só vai perpetuar, se não agravar a injustiça atual, causando uma desilusão generalizada, o que poderia desencadear mais violência ou mesmo a guerra.

Assim, a solução para a demanda por justiça social deve envolver *todos os segmentos da sociedade,* sem nenhuma exclusão. Em 2011 a "Primavera das Nações" prova que o mundo mudou fundamentalmente. A humanidade se tornou uma entidade única e global. Como tal, é necessário que nós reconheçamos cada parte dela, ambas, as nações e os indivíduos, como dignos em seus próprios direitos. Nações não podem mais tolerar ocupações, e as pessoas já não toleram mais a opressão.

Se compararmos a humanidade a um corpo humano contendo vários órgãos de diferentes funções, nenhum órgão é redundante. Cada órgão contribui com o que deve para o corpo, e recebe o que necessita.

Da mesma forma, a abordagem para resolver a instabilidade mundial deve incluir *todos os* segmentos da sociedade. As palavras-chave para todas as negociações envolvendo funcionários do governo e os manifestantes devem ser "debate de ideias." As negociações devem ser baseadas na premissa de que as demandas de todas as partes têm mérito e devem ser tratadas com respeito. No entanto, considerando que todos os segmentos têm demandas legítimas, todas as partes devem levar as demandas das outras partes em conta, também.

Em tais deliberações, não existem "bons" ou "maus". Há pessoas com necessidades genuínas e legítimas, compartilhando seus problemas uns com os outros, tentando chegar a uma solução aceitável e *digna* para todos.

Pense em uma família grande e amorosa. Todo mundo na família tem suas necessidades: Vovô precisa de seus comprimidos, o pai precisa de um terno novo para seu novo trabalho, a mãe precisa de aulas de yoga, e irmão Ben acaba de ser aceito em uma faculdade de alto preço. Assim, a família se reúne para uma reunião familiar, parecida com a de ação de graças, mas sem o peru. Os membros falam sobre a renda, discutem sobre as prioridades, partilham as suas necessidades, discutem um pouco, e riem muito. E no final, eles decidem o que é necessário, e o que não é quem ficará com o que, o que ele ou ela precisa imediatamente, e que vai ter apenas mais tarde. Mas desde que eles são uma família, ligados por amor, aqueles que têm que esperar concorda em esperar, porque afinal de contas, eles são uma família.

Em muitos aspectos, a globalização e a crescente interdependência viraram a humanidade em uma família de tamanho gigante. Agora só precisamos aprender a trabalhar como tal. Se pensarmos sobre isso, uma grande família é sempre mais seguro do que estar sozinho, desde que funciona como uma família amorosa.

Além disso, devemos ter em mente que, em quase todos os países, os governos estão lutando com déficits crescentes e dívidas. Não há recursos suficientes para todos, mas há recursos, certamente o suficiente para permitir vida respeitável para todos, se nós *reconhecermos* as necessidades do outro. Portanto, o "a grande família" é o melhor conceito para assegurar que a justiça social seja alcançada. Assim como em uma família, a ideia não é derrubar o sistema, mas sim ajustá-lo, ajustá-lo para suprir as necessidades das pessoas ao invés de suprir as necessidades de vários grupos de pressão.

Rei Arthur tinha uma mesa redonda, em torno do qual ele e seus cavaleiros se reuniam. Como o próprio nome sugere a mesa não tinha um chefe, o que implica que todos os que ali sentavam estavam num estado de igualdade. Da mesma forma, os governos e os cidadãos precisam entender que não há nenhuma maneira de resolver os problemas sociais sem sentar juntos em uma mesa redonda (metaforicamente, se não fisicamente).

Devemos lembrar que todos nós somos mutuamente responsáveis uns pelos outros e que somos interdependentes, como em uma família. Os problemas que parecem nos encurralar em cada canto não são as causas, mas os sintomas de nosso verdadeiro problema - a falta de solidariedade e responsabilidade mútua um pelo outro. Portanto, é de extrema importância que nós resolvamos chamando-os no "espírito da mesa redonda".

Ao resolver estes problemas, um de cada vez, vamos construir gradualmente uma sociedade governada por responsabilidade mútua. De fato, a mentalidade de responsabilidade mútua é a verdadeira razão para sermos apresentados a esses problemas. Assim que conseguir a responsabilidade mútua, os problemas terão desaparecido com o vento.

Rumo Ao Compromisso Mútuo

Por que a responsabilidade compartilhada para enfrentar os desafios do mundo é a chave para resolvê-los em um mundo interdependente

Apesar de décadas de esforços inimagináveis, recursos e planejamento por parte da ONU para erradicar a desigualdade, exploração e falta de condições básicas para a sustentação da vida, esses problemas ainda representam grandes desafios em muitos países. Em todo o mundo, cerca de 1,4 bilhões de pessoas vivem com menos de dois dólares por dia, enquanto 5,2 bilhões dólares no valor dos alimentos são desperdiçados todos os anos apenas na Austrália.

Jonathan Bloom, autor de *American Wasteland: Como a América joga fora Quase metade de sua comida,* escreve que "mais de 40 por cento dos alimentos produzidos para consumo é desperdiçado pelos americanos. O custo total de alimentos desperdiçados sai a um valor anual de mais de US $ 100 bilhões." Pior ainda, o fosso entre os que têm e os que não têm continuam aumentando.

Por décadas, os esforços dos países em desenvolvimento na buscar por ajuda em alimentos, saúde e desenvolvimento dos países mais ricos foram cumpridos com resultados altamente inadequados. Até hoje não havia outra escolha. Afinal de contas, o nome do jogo era "o vencedor leva tudo".

As lacunas não são apenas entre países, mas também dentro deles. O sentimento de privação provoca tensão nacional e internacional, e, claramente, dada a crise global, a situação pode se transformar drasticamente.

Mas agora o jogo mudou. O recente surgimento da Primavera das Nações está ensinando a todos nós uma lição que devemos prestar atenção com cuidado: O mundo está conectado, e o que vai, volta. A globalização tornou-nos a todos interdependentes, e nenhuma nação pode explorar outras nações simplesmente porque é mais forte, ou ele vai pagar caro. Como podemos ver, os países que ontem parecia inatacável estão desmoronando hoje. Eles permanecem solventes somente pela misericórdia de nações que, apenas alguns anos atrás, eram tratados como inferiores.

A realidade globalizada de hoje, quer que *todos* ganhem ou *todos* nós perdemos, porque somos interdependentes. Quando um número suficiente de pessoas no mundo abrirem os olhos para os fatos da globalização e a responsabilidade de todos, uma grande mudança começará. Não haverá mais países ou povos explorando uns aos outros, não haverá mais os gigantescos consórcios explorando dezenas de milhões de trabalhadores mal pagos em todo o mundo, já não será permitido às crianças morrerem de fome e doenças que podem ser tratadas com antibióticos comuns, as mulheres não mais serão abusadas, pelo simples fato de serem mulheres. De fato, em um mundo onde as pessoas percebem que o seu próprio bem-estar depende do bem-estar dos outros, eles vão cuidar dos outros, que mais tarde cuidarão deles em troca.

Quando essas mudanças começarem, termos como "primeiro mundo" e "terceiro mundo" deixarão de existir. Haverá apenas um mundo e as pessoas que vivem nele.

Para efetivar o acima dito, duas coisas são de extrema importância: 1)Primeiros socorros, 2). Educação

Por "primeiros socorros", queremos dizer que devemos lançar uma campanha mundial que explica por que, em uma realidade globalizada, alimentação insuficiente e falta de água potável são indesculpáveis e deve ser corrigido imediatamente. É fácil mostrar que o custo de tais investimentos recebe-se com juros dentro de poucos anos. Países como Índia, Vietnã e Indonésia servem como exemplos maravilhosos, apesar de todos os desafios ainda existentes.

Educação significa informar as pessoas da nova era da globalização, dependência mútua e responsabilidade compartilhada, de que todos nós fazemos parte. As recentes crises financeiras globais, e da série de revoltas em todo o mundo são prova suficiente de que se afetam mutuamente em todos os níveis da vida econômica, social, emocional e até mesmo (ver referência Thomas Friedman, a "globalização da Raiva"[89]).

No **estágio Um** do processo de educação, as pessoas vão perceber que é impensável que mais de um bilhão de pessoas estão passando fome, enquanto outro bilhão jogam fora quase metade dos alimentos que compram e lutam contra a obesidade. Uma vez que as necessidades básicas da vida foram fornecidas para o mundo inteiro, a segunda fase começará.

Estágio Dois incidirá sobre aumentar a unidade e solidariedade entre os indivíduos e as nações, em congruência com a realidade atual, interligada.

Na Natureza, a unidade, reciprocidade e responsabilidade mútua são pré-requisitos para a vida. Nenhum organismo sobrevive, a menos que suas células funcionam em harmonia. Da mesma forma, nenhum ecossistema prospera se um dos seus elementos for removido. Até recentemente, a humanidade foi a única espécie que não segue a lei de dependência mútua e reciprocidade. Acreditávamos que a lei da natureza era a "sobrevivência do mais forte". Mas agora estamos começando a perceber que nós, também, estamos sujeitos à interdependência e devemos jogar por essa regra, se quisermos sobreviver.

A Campanha

Para integrar as mensagens de responsabilidade mútua e interdependência, sugerimos o seguinte: que a ONU declare o próximo ano, intitulado como "O Ano do Cooperativismo", o ponto de partida para mudar a mentalidade global para a necessidade urgente de compromisso mútuo, a fim de manter a sociedade e a economia sustentável.

Os Passos da Mudança

1. Devemos montar um fórum internacional de cientistas (de ciências exatas, bem como as ciências sociais e humanas), artistas, pensadores, economistas, empresários de sucesso e celebridades sob os auspícios das Nações Unidas a declarar o início do Ano do Cooperativismo. Nessa conferência, os participantes vão se comprometer a fazer o possível para erradicar a fome e privação. Eles serão encarregados por seus países para elaborar uma campanha mundial para incutir na consciência da globalização, a responsabilidade compartilhada e a interdependência.

No final do fórum, as equipes da ONU irão trabalhar com cada país para criar campanhas de mídia, programas escolares, placas de ruas, e outros meios de propaganda para promover os conceitos acima mencionados. O objetivo da campanha será o de fazer com que a ideia de explorar os outros seja abominável, e de que a ideia de compartilhar e cuidar sejam dignas de louvor, e, eventualmente, uma segunda natureza para todos nós.

As equipes da ONU se reunirão em uma base regular na sede da ONU para troca de informações sincronização de seus movimentos, promovendo assim o progresso global uniforme com um sentido de responsabilidade mútua. As reuniões das equipes serão transmitidas ao vivo para demonstrar a transparência e assim,

---

[89] Thomas L. Friedman, "A Theory of Everything (Sort Of)," *The York Times* (August 13, 2011), http://www.nytimes.com/2011/08/14/opinion/sunday/Friedman-a-theory-of-everyting-sort-of.html?_r=1

conquistar maior credibilidade. O mais importante será a oportunidade para demonstrar o quão produtivo pode ser quando trabalhamos *juntos.*

2. Países, consórcios, e até mesmo pessoas que se destacam na demonstração de solidariedade e de responsabilidade compartilhada serão louvados e glorificados, tanto quanto as estrelas de cinema e estrelas pop o são hoje. Este será um poderoso incentivo para encorajar aqueles que se destacam para continuar primando, e para aqueles que não são, se adequarem.

3. A partir de numerosas experiências sobre os efeitos de comportamento pró-social (David W. Johnson e Roger T. Johnson, "Uma história de sucesso Psicologia da Educação: Teoria da Interdependência Social e Aprendizagem Cooperativa "[90]), sabemos que aflições tipicamente ocidentais, como depressão e abuso de drogas irão diminuir drasticamente se não forem totalmente erradicadas, quando a campanha criar raízes. Isto, por sua vez, irá liberar uma quantidade enorme de recursos financeiros e humanos que serão deslocados para atender a outras necessidades da humanidade. Hostilidades internacionais também irão diminuir consideravelmente, até mesmo por falta de apoio financeiro e moral dos adversários. Num mundo interdependente, é simplesmente imprudente a guerra, e isso ficará muito claro para todos.

Nós, do Instituto de Pesquisas ARI temos anos de experiência, em colaborações internacionais, na circulação de ideias por redes de internet. Temos um sistema on-line de transmissões traduzidas simultaneamente em oito idiomas, e nós podemos reproduzir materiais como textos e vídeos instantaneamente.

Nós já estamos colaborando com a UNESCO sobre o tema da educação global, e nós oferecemos todos os nossos serviços e instalações grátis para a ONU, na esperança de expandir a nossa parceria frutífera.

Hoje, a natureza exige que se unamos. Ao longo do tempo, a demanda se intensificará, até que tenhamos todos assimilado. Ao mesmo tempo, em que esta demanda é a chave para o nosso sucesso na construção de uma realidade sustentável para nós e para nossos filhos. À luz de tudo isso, devemos nos unir, trabalhar juntos, e assim *vamos* conseguir.

---

[90] David W. Johnson and Roger T. Johnson, "An Educational Psychology Success Story: Social Interdependence Theory and Cooperative Learning," *Educational Researcher* 38 (2009): 365, doi: 10.3102/0013189X09339057

A Responsabilidade mútua - Agenda para a Educação

A educação é reconhecidamente um problema e uma questão dolorosa em todo o mundo. Crianças desinteressadas, notas escolares em declínio, violência e conduta desordeira indicam que os sistemas de educação em muitos países se tornaram disfuncionais.

Alguns dos problemas se originam na estrutura do sistema de ensino e na sua incapacidade de se adaptar às mudanças. No entanto, uma mudança é claramente necessária, sobretudo porque pouco mudou nas escolas desde a sua criação, por volta dos dias da Revolução Industrial à cerca de 200 anos atrás. Salas de aulas lotadas, crianças atrás de mesas, forçadas a ficarem sentadas por muitas horas seguidas, pausas curtas, e grandes quantidades de informação inútil para serem memorizadas ainda fazem parte do sistema de educação vigente. Nos dias em que as primeiras escolas foram estabelecidas, havia uma real necessidade de se educar as massas de trabalhadores para preencher as linhas de montagens.

Assim, a estrutura atual das escolas reflete uma perspectiva muito estreita do conceito de educação. A *Enciclopédia Britânica,* no entanto, define a educação da seguinte forma: "A educação pode ser considerada como a transmissão dos valores e conhecimento acumulado de uma sociedade. Neste sentido, é equivalente ao termo socialização e inculturação, proposto por cientistas sociais. Crianças concebidas tanto em uma tribo em Nova Guiné, quanto os florentinos da Renascença, ou as classes médias de Manhattan, nascem sem cultura. A educação escolar é projetada para guiá-los no aprendizado de uma cultura de moldagem, o seu comportamento nos caminhos da vida adulta, e direcioná-los para o seu eventual papel na sociedade"."[91]

No entanto, as escolas de hoje tem como objetivo, apenas dotar os alunos com as ferramentas de que necessitam para continuar os estudos em universidades e faculdades. Escolas *não* educam, no sentido pleno da palavra.

Educação, como acaba de ser descrito, não é apenas o ato de fornecer conhecimento. É um processo para projetar a personalidade e o comportamento de cada um de nós. Na verdade, a essência da educação é ensinar o aluno como lidar e vencer na vida. Uma escola que ensina apenas como memorizar informação é irrelevante, na realidade de hoje.

À luz de todo o exposto, vemos que precisamos fazer uma mudança fundamental no paradigma educacional. Devemos examinar os desafios que o mundo moderno nos apresenta e ver se a educação que fornecemos aos alunos atualmente seja suficientemente dirige a eles.

Na realidade de hoje, nosso mundo se tornou uma aldeia global social, política e economicamente. A partir do momento em que nos tornamos ligados uns aos outros, perdemos a capacidade de continuarmos levando nossas vidas sob valores narcisistas e de desrespeito pelos outros. Esses valores podem ter sido útil no velho mundo, individual e egocêntrico, mas a partir do momento em que a humanidade se transformou em um sistema integral e global, as regras tornaram-se idênticas às que se aplicam a todos os sistemas integrais da Natureza.

O corpo humano é um exemplo de um destes sistemas integral. Dentro de nossos corpos, a cooperação e harmonia (conhecido como homeostase) entre todas as células e órgãos permitem que o corpo possa manter a boa saúde. Para se manter saudável, cada célula e órgão funciona de acordo com os interesses de todo o organismo. A harmonia entre as células torna o corpo

[91] "Education," *Encyclopædia Britannica,* http://www.britannica.com/EBchecked/topic/179408/education

surpreendentemente saudável, como à uma máquina que é, e a saúde do corpo contribui, por sua vez, para a saúde de cada célula individual.

A forma com que as células operam em nossos corpos manifesta a lei da responsabilidade mútua e reciprocidade, que se aplica a todas as ligações multilaterais na Natureza. De fato, a sustentabilidade do sistema depende das relações recíprocas entre os elementos que a compõem.

Portanto, enquanto continuarmos a nos relacionar uns com os outros egoisticamente, em contraste com o mundo que se tornou integrado, agimos em dissonância com as leis da Natureza. Ao fazê-lo, somos como células que são partes de um organismo, mas consomem apenas para si mesmos. No caso do corpo humano, o resultado de tais células é um tumor canceroso. No caso da humanidade, o resultado é uma das várias camadas da multifacetada crise global.

Para resolver esta crise, temos de ajustar nossas redes de conexões e torná-las verdadeiramente globais. Cada pessoa deve reconhecer a natureza do mundo em que vivemos, e entender que, no século 21 uma vida pessoal depende de sua atitude para com os outros. Portanto, temos de educar as pessoas para se tornarem sensíveis umas com as outras, para serem cuidadosos e responsáveis em suas abordagens para com o mundo.

Segue-se que, no século 21 o mundo precisa de mais do que uma solução econômica ou política para os seus problemas. Em primeiro lugar, ele precisa de uma solução educacional.

Numerosos estudos e livros já determinados, em que o elemento primordial na moldagem da personalidade de um jovem seja o ambiente circundante.[92] Portanto, realmente "educar" uma criança significa colocar-lhe no ambiente real, uma educação que afeta com resultados positivos e com os valores corretos e reais. Para criarmos uma geração que vai aniquilar as crises que o mundo está experimentando atualmente, devemos criar um ambiente social diferente para as nossas crianças.

Desde cedo, as crianças precisam crescer com o entendimento de que o egoísmo, o desejo de desfrutar, em detrimento de outros, é a principal causa do sofrimento no mundo adulto. Ao mesmo tempo, temos de mostrar às crianças, utilizando-se vários auxiliares de professores, que relações baseadas na consideração mútua, tolerância e compreensão, podem facilitar a harmonia e a persistência da vida.

Ten Key Principles for Global Education

1) **O ambiente social constrói a pessoa:** O ambiente social é o principal elemento que afeta as crianças. Portanto, temos de criar entre elas uma "sociedade em miniatura", onde todos se preocupam com todos. Uma criança que cresce em um ambiente como esse não só irá prosperar como terá sucesso em expressar o seu potencial criativo, e também abordará a vida com um senso de propósito, e com o desejo de construir uma sociedade semelhante no ambiente "extraescolar".

---

[92] Probably the most notable example of the influence of the social environment on our psyche and even our physical well-being is the book, *Connected: The Surprising Power of Our Social Networks and How They Shape Our Lives – How Your Friends' Friends' Friends Affect Everything You Feel, Think, and Do*, by Nicholas A. Christakis, MD, PhD, and James H. Fowler, PhD (Little, Brown and Co., 2010).

2) **Exemplo pessoal:** As crianças aprendem tanto com os exemplos que fornecemos pessoalmente como os dos educadores e pais, quanto através da mídia e outros conteúdos públicos à que estão expostas.

3) **Igualdade:** Durante o processo de aprendizagem, não deve haver um professor, mas sim, um educador. Embora o educador seja mais velho em idade, ele ou ela será percebida pelas crianças como "um deles", um parceiro. Desta forma, o educador pode gradualmente "puxar" as crianças em todos os aspectos do estudo-informacional, bem como moral e socialmente. Assim, por exemplo, durante a aula, tanto crianças como educadores irão sentar-se em um círculo e conversarem, com todos sendo tratados com igualdade.

4) **Ensinar através de jogos:** Através de jogos, as crianças crescem, prendem e aprofundam a compreensão de como as coisas estão ligadas. Um jogo é um meio pelo qual as crianças começam a conhecer o mundo. Na verdade, as crianças não aprendem palavras por ouvi-las. Em vez disso, eles aprendem através da *experiência.* Por isso, é necessária a utilização de jogos como um método primário para trabalhar com as crianças. Os jogos devem ser construídos de tal forma que as crianças irão ver que elas não podem ter sucesso sozinhas, mas somente com a ajuda de outros, que para ter sucesso têm de fazer concessões aos outros, e que um bom ambiente social só pode fazer-lhes bem.

5) **Saídas semanais:** Toda semana deve haver um dia em que as crianças deixem as escolas e vão para um lugar no país ou algum outro local, dependendo da idade da criança. Esses locais podem ser parques, zoológicos, fábricas, fazendas, estúdios de cinema, ou teatros. Além disso, as crianças devem ser ensinadas como os sistemas que afetam nossas vidas operam, tais como as aplicações da lei, os correios, hospitais, escritórios do governo, lares da velhice, e em qualquer lugar onde as crianças podem aprender sobre os processos que fazem parte das nossas vidas. Antes, durante e depois do passeio, as discussões devem ser realizadas sobre o que será visto, como será a experiência em comparação com as suas expectativas, as suas conclusões, e assim por diante.

6) **Os mais velhos ensinando os mais jovens:** Os grupos etários mais velhos irão "adotar" os grupos mais jovens, enquanto os grupos mais jovens irão ensinar os mais jovens ainda. Desta forma, todos se sentem parte do processo de aprendizagem e adquire ferramentas necessárias para a comunicação com os outros.

7) **"Pequena corte":** Como parte do processo de aprendizagem, as crianças devem agir nas situações com que se deparam no seu quotidiano: a inveja, disputas por poder, fraude, e assim por diante. Depois de atuá-los, eles devem tentar analisá-los. Através de tais experiências, as crianças irão aprender a e serem sensíveis umas com as outras. Elas compreenderão que os outros também podem ter razão, embora seja difícil de aceitar seus pontos de vista no imediatamente. Eles vão ver que amanhã eles podem se encontrar em uma situação semelhante, de que cada pessoa e cada ponto de vista têm o seu lugar no mundo, e que todos devem ser tratados com tolerância.

8) **Atividades de gravação de vídeo:** Recomenda-se que todas as atividades sejam filmadas para posterior visualização e análise junto com as crianças. Desta forma, as crianças serão capazes de ver como reagiram ou se comportaram em determinadas situações. Eles serão capazes de analisar as mudanças por qual elas estão passando e desenvolver a capacidade de introspecção.

9) **Pequenos grupos com vários educadores:** É altamente recomendado que cada grupo de 10 alunos tenha uma equipe de dois educadores e um profissional de apoio (um psicólogo).

10) **Apoio dos pais:** Os pais devem apoiar o processo educativo se desdobrando nas escolas. Eles devem conversar com as crianças sobre a importância dos valores inculcados na escola, devem ser um exemplo pessoal desses valores em seu comportamento, e evitar completamente incutir outros valores. Para facilitar isso, também deve haver cursos para pais.

Colaboração com a UNESCO

O método de educação global tem sido calorosamente aceito pelo Diretor-geral da UNESCO, a Sra. Iria Bokova. No momento, um livro da UNESCO-ARI conjunta sobre educação global está em formação, e uma tivemos uma série de conferências e reuniões internacionais e está se planejando mais destas reuniões para o futuro.

Sobre o Instituto ARI

Declaração de Missão

A "Advanced Research of Integration (ARI) Institute", é uma organização 501 C (3), organização sem fins lucrativos dedicada a promover mudanças positivas nas políticas e práticas educacionais por meio de ideias e soluções inovadoras. Estes podem ser aplicados às questões mais prementes educacionais de nosso tempo. O Instituto ARI apresenta uma nova maneira de pensar, explicando os benefícios de se reconhecer e implementar as novas regras que a humanidade precisa para ter sucesso em um mundo interdependente e integrado.

Por meio de suas redes, atividades e recursos multimídia, a ARI Instituto promove a cooperação internacional e interdisciplinar.

O que fazemos

Estimulamos o diálogo ativo sobre a crise global como uma oportunidade de facilitar uma mudança positiva no pensamento global sobre como educar as futuras gerações, qualificando-as para lidar com grandes mudanças no clima, na economia e nas relações geopolíticas. Nossos materiais são gratuitos e disponíveis para todos, independentemente da idade, sexo, religião, e posições políticas ou culturais.

Os materiais revelam o sistema integral e global das leis naturais que se manifestam na sociedade de hoje. Temos o compromisso de compartilhar o nosso conhecimento em um nível internacional através de nossos canais multimídias estabelecidos. Estamos firmemente empenhados em aumentar a conscientização das pessoas sobre a necessidade de transformar as suas relações em um espírito de responsabilidade mútua e envolvimento pessoal.

Nossos Valores

Todos nós estamos vivendo tempos difíceis, confrontado por crises pessoais, ambientais e sociais. Essas crises estão ocorrendo porque a humanidade não foi capaz de perceber a interligação e interdependência entre nós e entre a raça humana e a natureza N. Ao fornecer informações ao público através de um ambiente de mídia rica, agimos como um catalisador para mudar o comportamento humano em direção a um modelo mais sustentável. Defendemos uma solução para a atual crise global e promovê-lo através do nosso conteúdo exclusivo de educação, oferecido através de canais de mídia em todo o mundo.

Através de extensas pesquisas e atividades públicas, O Instituto ARI oferece uma compreensão clara e coerente do desenvolvimento natural dos acontecimentos que levaram ao estado de degradação social atualmente enfrentado por nós em nosso mundo globalizado. Além disso, estamos expandindo nosso ambiente online para alcançar as crianças. Elas irão se beneficiar participando de um processo educativo que as incentiva a se tornarem tolerantes, responsáveis e atenciosas com todos os seres humanos que vivem como cidadãos globais.

Nesse ambiente baseado na Internet, as crianças vão colaborar em atividades simultaneamente ocorrendo em diferentes partes do mundo. Tais atividades irão ajudá-las a reconhecer que todos estamos conectados dentro de uma aldeia global unida, e mostrar-lhes como elas podem ajudar a melhorar a humanidade participando desses programas. Acreditamos que a exposição a este ambiente pode mudar profundamente uma geração inteira de crianças, transformando-as em cidadãos responsáveis do mundo, e a marcar um ponto de viragem nos comportamentos destrutivos da humanidade atual.

Onde Estamos na Educação

A nova geração está diante de um mundo completamente novo cheio de desafios sem precedentes. Se nos concentrarmos nas necessidades de nossos filhos, nós podemos ajudá-los significativamente enfrentar problemas como o abuso de drogas, violência e da crescente taxa de evasão escolar, questões que acreditamos que não estão sendo abordadas com sucesso pela maioria dos atuais sistemas de ensino.

Onde Estamos na Economia

A crise não é nem financeira, nem econômica, e nem ecológica. Pelo contrário, é uma crise global que abrange toda a nossa civilização e em todas as áreas de nossas vidas. Portanto, temos de olhar para a raiz do problema e tratar a sua causa, a nossa comum natureza egocêntrica.

Nós acreditamos que uma mudança superficial na sociedade não vai nos trazer uma solução duradoura. Primeiro, temos de alterar as conexões entre nós, movendo-se do egocentrismo para o altruísmo. Este é o princípio pelo qual os sistemas integrais operam, e hoje estamos descobrindo que a sociedade humana está carente desse novo sistema.

Nossas Atividades

Produções de TV e Vídeo

ARI Films (www.arifilms.tv) é o departamento do ARI cinema e televisão, um grande sucesso, empresa de produção dinâmica especializada em conteúdo para a Internet, cabo e estações de televisão por satélite. A ARI Films produz programas educativos, documentários, docudramas, e séries de talk show, assim como produções personalizadas. A equipe ARI Films é formada por profissionais experientes de uma ampla gama de áreas, incluindo editores de vídeo, animadores, cinegrafistas, roteiristas, produtores e diretores.

Fóruns Internacionais

ARI organiza regularmente fóruns internacionais em todo o mundo que são assistidos por grandes públicos ansiosos para participar de suas palestras e workshops. Estes fóruns são transmitidos ao vivo pela internet e na TV a cabo e as redes de televisão por satélite.

Os cidadãos do futuro: o nosso Centro de Educação e Internet

Cidadãos do Futuro é uma associação de ensino sem fins lucrativos, estabelecida sob os auspícios da ARI. Tem como objetivo e através de um ambiente de aprendizagem on-line proporcionar às crianças, jovens e pais, a difusão de valores de amor e carinho para com os outros, tão necessárias e vitais nesta era globalizada. Acreditamos que as crianças que adquirem e se aderem a estes valores estarão bem posicionadas para uma vida de felicidade, alegria e realização pessoal. Para atingir seus objetivos, os associados do centro "Cidadãos do Futuro" operam em vários níveis, conforme listado abaixo.

Centro On Line de Educação infantil

Os Centros online de educação dos cidadãos do futuros são os locais onde o método de "construção de seres humanos" é desenvolvido e implementado em uma base diária. Aqui, um ambiente de amor e de suporte é construído em favor das crianças, com base na amizade e nos cuidados de uns para com os outros. As atividades incluem:

Atividades e jogos que promovem a união entre as crianças;

• Discussões sobre a natureza em geral, sobretudo sobre a natureza humana;

• Aulas complementares sobre temas escolares diversos;

• Desenvolver as habilidades sociais necessárias para comunicação interpessoal e de grupo;

• Passeios a museus, parques, reservas naturais, tribunais, e a muitos outros locais que possam facilitar e ajudar a introduzir as crianças aos sistemas que afetam nossas vidas;

• Documentação das atividades e preparação de tutoriais estruturados para instrutores circularem em todo o mundo este método inovador.

YFU Movimento da Juventude

O movimento da juventude, YFU (Juventude para a Unidade), foi especificamente formado para criar um ambiente de apoio amoroso aos jovens 12-18 que aspiram a promover os valores da responsabilidade mútua e o amor ao próximo. Este quadro social é uma extensão direta do centro de educação complementar, cidadãos do futuro. Atividades de YFU incluem:

- Estudos sobre a Natureza e, sobretudo da natureza humana em geral e, em particular;

- Formação profissional;

- Cinema escola;

- Convenções, viagens, e outras atividades de promoção da união;

- Tutoriais e formação de crianças, para qualificar a próxima geração para a vida em um mundo interconectado;

- Preparação e orientação para a vida como adultos no mundo de hoje;

- Desenvolvimento de planos de aula sobre o amor dos outros, a natureza humana e a Natureza como um todo;

- Produção e distribuição de programas infantis e programas de educação;

- Desenvolvendo jogos educativos;

- Organizar convenções para as crianças, pais e educadores.

Sobre o Dr. Michael Laitman, fundador do Instituto ARI.

Dr. Laitman é o fundador altamente qualificado do Instituto ARI. Ele é formado como professor de Ontologia e Teoria do Conhecimento é doutorado em Filosofia, e mestre em Cibernética Médica. Hoje, o Instituto ARI tem filiais em toda a América do Norte, América Central e do Sul, assim como na Ásia, África e Europa Ocidental e Oriental.

Dr. Laitman é dedicado à descoberta e promoção de mudanças positivas nas políticas e práticas educacionais, e por aplicá-las para os problemas mais prementes educacionais de nosso tempo. Ele propõe uma nova abordagem para a educação, que implementa as regras da vida em um mundo interdependente e integrado.

Um Guia para Viver em um Mundo Globalizado

Dr. Laitman fornece orientações específicas de como viver na nova aldeia global, o nosso mundo cada vez mais tecnologicamente interligados. Sua nova perspectiva toca todas as áreas da vida humana: social, econômico e ambiental, com uma ênfase particular na educação. Ele esboça um novo sistema de educação global baseada em valores universais. Isso criaria uma sociedade coesa em nossa realidade emergente, mais firmemente interligada.

Em seus encontros com a Sra. Irina Bokova, Diretora-Geral da UNESCO, e com o Dr. Asha-Rose Migiro, vice-secretário-geral da ONU, ele discutiu os atuais problemas da educação em todo o mundo e sua visão para a sua solução. Este tópico crucial está atualmente em processo de grande transformação. Dr. Laitman insiste na urgência de se aproveitar das ferramentas de comunicação disponibilizadas recentemente, considerando as aspirações únicas de juventude de hoje e preparando estes jovens para a vida em um mundo altamente dinâmico e globalizado.

Nos últimos anos, Dr. Laitman tem trabalhado em estreita colaboração com várias instituições internacionais e tem participado em vários eventos internacionais em Tóquio com o Goi Peace Foundation, Arosa (Suíça) e Düsseldorf (Alemanha), e com o Fórum Internacional das Culturas em Monterrey (México). Estes eventos foram organizados com o apoio da UNESCO. Nesses fóruns globais, ele contribuiu para as discussões vitais sobre a crise mundial, e delineou os passos necessários para criar mudanças positivas através de uma maior consciência global.

Dr. Laitman tem sido destaque na mídia internacional, incluindo *Corriere della Sera,* o jornal *Chicago Tribune,* o *Miami Herald, The Jerusalem Post,* e *O Globo* e na TV RAI e Bloomberg. TV.

Ele dedicou sua vida a explorar a natureza humana e a sociedade, buscando respostas para o sentido da vida em nosso mundo moderno. A combinação de sua formação acadêmica e conhecimento extensivo fazem dele um dos mais procurado pensador e palestrante. Dr. Laitman escreveu mais de 40 livros que foram traduzidos para 18 idiomas, todos com o objetivo de ajudar as pessoas a alcançar a harmonia entre si e com o ambiente ao seu redor.

Abordagem científica do Dr. Laitman permite que as pessoas de todas as origens, nacionalidades e crenças possam superar suas diferenças e se unirem em torno da mensagem global de responsabilidade e colaboração mútua.

Leituras adicionais

A Psicologia da Sociedade Integral

A Psicologia da Sociedade Integral apresenta uma abordagem revolucionária para a educação. Em um mundo interconectado e interdependente, ensinar as crianças a competir com seus pares é tão "sábio" como ensinar a mão esquerda a ser mais esperta que a mão direita. Uma sociedade integrada é aquela em que todos os componentes contribuem para o bem-estar e do sucesso da sociedade. A sociedade, por sua vez, é responsável pelo bem-estar e pelo sucesso daqueles que a integram, assim formando interdependência. Em um mundo globalizado, integrado, esta é a única forma sensata e *sustentável* de viver.

Neste livro, uma série de diálogos entre os professores Michael Laitman e Ulianov Anatoly lança luz sobre os princípios de uma abordagem para se abrir os olhos para a educação. A ausência de disputas na educação infantil, por meio do ambiente social, a igualdade entre todos, premiando o altruísmo, e uma composição dinâmica de grupo e instrutores são apenas alguns dos novos conceitos introduzidos neste livro. *A Psicologia da Sociedade Integral* é. Essencial para todos que desejam se tornar melhores pais, professores e pessoas melhores em nossa realidade integrada do século 21.

"O que está expresso em *A Psicologia da Sociedade Integral* deve levar as pessoas a pensar sobre outras possibilidades. Na resolução de qualquer problema difícil, todas as perspectivas precisam ser exploradas. Nós gastamos muito tempo competindo e tentando obter uma vantagem que o conceito de simplesmente trabalhar juntos parece inovador em si mesmo."

- Peter Croatto, *prefácio Revista*

Um Guia para o Novo Mundo: porque responsabilidade mútua é a chave para a nossa recuperação da crise global

Porque 1% da população mundial possui 40% da riqueza? Porque os sistemas de educação em todo o mundo estão produzindo, pessoas infelizes e mal educadas? Por que há fome? Por que os preços dos alimentos estão subindo quando há mais do que suficiente para todos? Por que há ainda países onde a dignidade humana e a justiça social são inexistentes? E quando e como serão feitas as correções destes erros?

Em 2011, essas questões tocaram os corações de centenas de milhões em todo o mundo. O grito por justiça social tornou-se uma demanda sobre a qual todos podem se unir. Todos nós aguardamos há muito tempo por uma sociedade onde pudéssemos nos sentir seguros, confiar em nossos vizinhos, e garantir o futuro de nossos filhos. Em uma sociedade assim, todos irão cuidar de todos, e oferecerem a responsabilidade mútua, onde todos são fiadores uns dos outros eu bem-estar, irá prosperar.

Apesar de todos os desafios, acreditamos que a mudança é possível e que podemos encontrar uma maneira de programá-la. Portanto, o livro que você está segurando em suas mãos é uma maneira positiva e *otimista de fazer isso.*

Nós temos agora uma oportunidade única para alcançar a transformação global de uma forma pacífica, agradável, e *um guia para o Novo Mundo* tenta nos ajudar a pavimentar o caminho para esse objetivo.

O livro é dividido em duas partes, além de índices. Uma parte contém o conceito de responsabilidade mútua. E a outra detalha os caminhos para a edificação da nova sociedade de responsabilidade mútua e recapitula os princípios apresentados na primeira parte. Os índices contem publicações anteriores do Instituto ARI detalhando suas ideologias sociais, educacionais e econômicas.

www.ingramcontent.com/pod-product-compliance
Lightning Source LLC
Chambersburg PA
CBHW080301290526
45790CB00005B/1892